Impressum

Verlag: BABADADA GmbH, Nedderfeld 112 , 22529 Hamburg

Geschäftsführer / Verlagsleitung: Harald Hof

Druck: Books on Demand GmbH, In de Tarpen 42, 22848 Norderstedt

Imprint

Publisher: BABADADA GmbH, Nedderfeld 112 , 22529 Hamburg, Germany

Managing Director / Publishing direction: Harald Hof

Print: Books on Demand GmbH, In de Tarpen 42, 22848 Norderstedt

ቤት-ትምህርቲ

shule

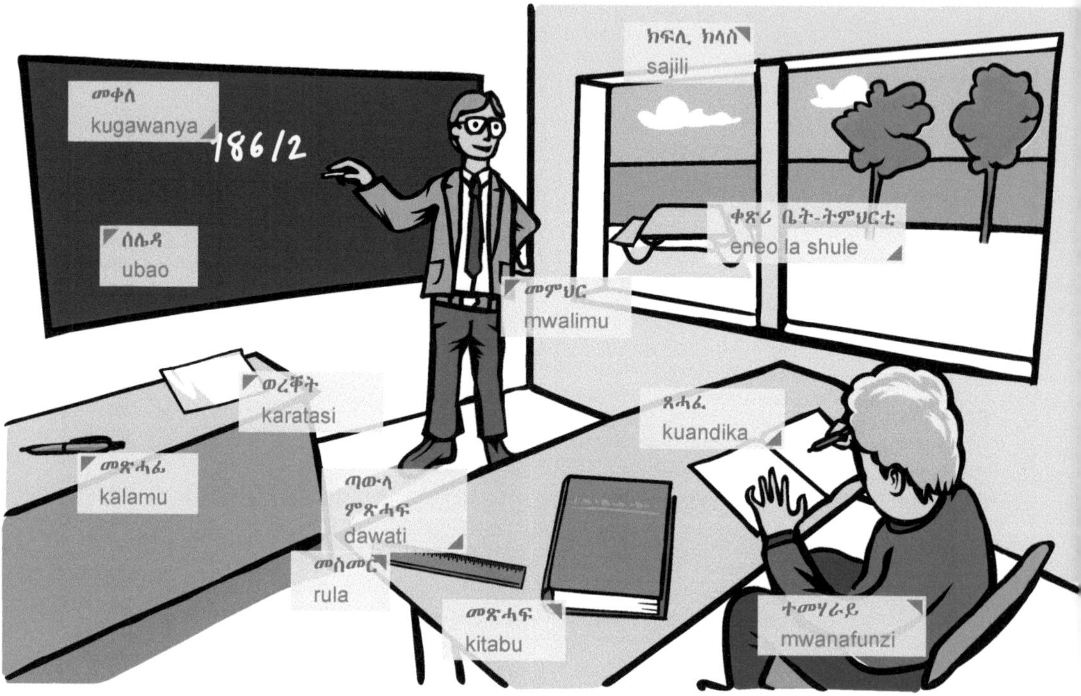

ክፍሊ ክላስ
sajili
መቀለ
kugawanya
186/2
ሰሌዳ
ubao
ቀጽሪ ቤት-ትምህርቲ
eneo la shule
መምህር
mwalimu
ወረቐት
karatasi
ጸሓፈ
kuandika
መጽሓፊ
kalamu
ጣውላ
ምጽሓፍ
dawati
መስመር
rula
መጽሓፍ
kitabu
ተመሃራይ
mwanafunzi

ሳንጣ ትምህርቲ

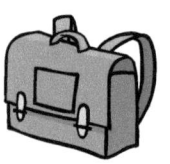

mkoba

ስፈር ብርዒ

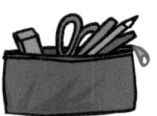

kikasha cha penseli

ርሳስ

penseli

መብልሒ ርሳስ

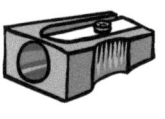

kichonga penseli

መደምሰሲ

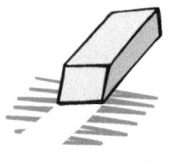

mpira

ጥራዝ ስእሊ

pedi ya kuchora

ስእሊ

uchoraji

ብርዒ ቀለም

brashi ya rangi

ቦክስ ቀለም

sanduku la rangi

መቖስ

mkasi

መጣበቒ

gundi

ጥራዝ መላመዲ

daftari

ዕዮ ገዛ

kazi ya nyumbani

12

ቁጽሪ

nambari

2+2

ወሰኸ

jumlisha

5-2

ጎደለ

ondoa

2✕2

ረብሓ

zidisha

ደመረ

kokotoa

A

ፊደል

barua

ABCDEFG HIJKLMN OPQRSTU VWXYZ

ስርዓት ፊደላት

alfabeti

hello

ቃል

neno

ጽሑፍ
....
maandishi

ኣንበበ
....
kusoma

ኩርሽ
....
chaki

ሰዓት
....
somo

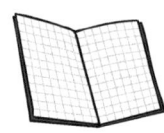

መዝገብ ክላስ
....
sajili

መርመራ
....
uchunguzi

ሰርቲፊከት
....
cheti

ድቢዛ ቤትትምህርቲ
....
sare za shule

ትምህርቲ
....
elimu

ለክሲኮን
....
elezo

ዩኒቨርሲቲ
....
chuo kikuu

ሚክሮስኮፕ
....
darubini

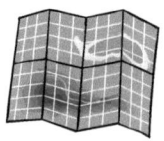

ካርታ
....
ramani

ጎሓፍ ወረቐት
....
kikapu cha kuweka karatasi chafu

መገሻ

usafiri

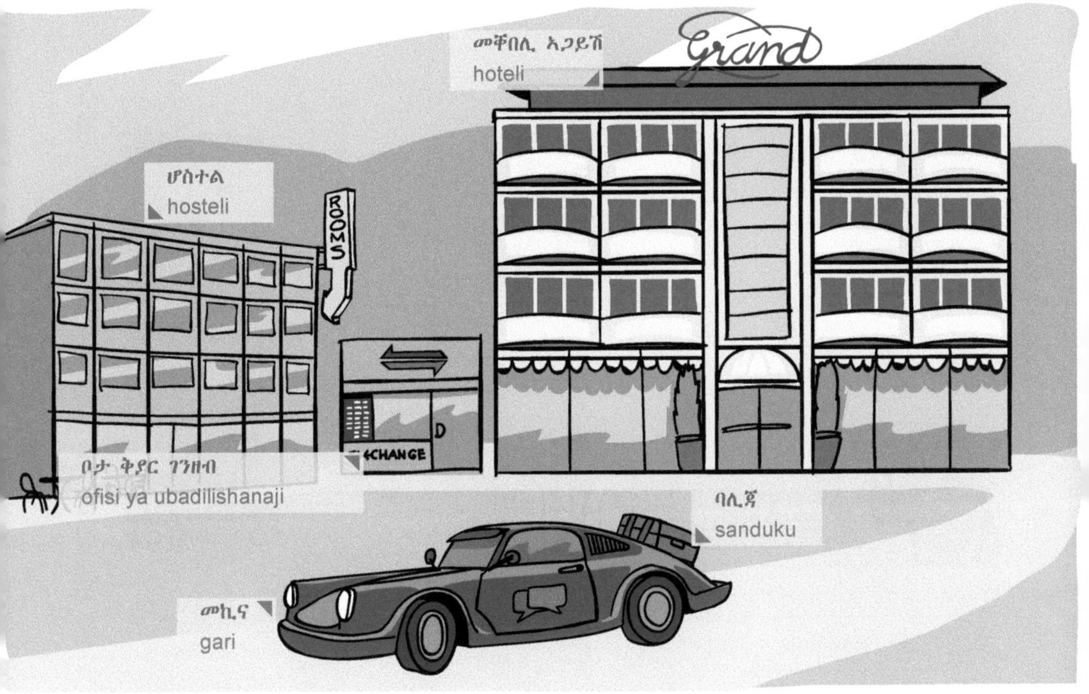

መቐበሊ ኣጋይሽ
hoteli
Grand
ሆስተል
hosteli
ROOMS
ቦታ ቅያር ገንዘብ
ofisi ya ubadilishanaji
CHANGE
ባሊጃ
sanduku
መኪና
gari

ቋንቋ

lugha

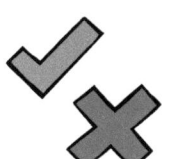

እወ / ኖ

ndiyo / la

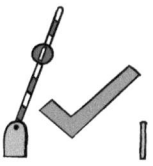

ሕራይ

sawa

ሰላም

hujambo

ኣስተርጓሚ

mtafsiri

የቐንየለይ

Asante

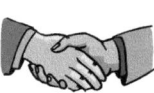

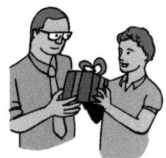

. . . ክንደይ ዋግኡ?

kiasi gani ni ...?

አይተረድኣኹን

Sielewi

ሸግር

tatizo

ሰላም ምሸት!

Jioni njema!

ከመይ ሓዲርካ

Habari za asubuhi!

ሰላም ለይቲ

Usiku mwema!

ደሓን ኩን

kwa heri

ኣንፈት

mwelekeo

ጉዓዝ

mizigo

ሳንጣ

mfuko

ሳንጣ ሕቖ

shanta

ጋሻ

mgeni

ክፍሊ

chumba

ክሻ መደቓሲ

begi la kulalia

ቴንዳ

hema

ሓበሬታ በጻሕቲ ሃገር

taarifa ya utalii

ገምገም ባሕሪ

ufuo

ክሬዲት ካርድ

kadi

ቁርሲ

kifunguakinywa

ምሳሕ

chakula cha mchana

ድራር

chakula cha jioni

ቲከት

tiketi

ሊፍት

kuinua

ማሕተም ደብዳበ

muhuri

ዶብ

mpaka

ድንና

mila

ኣምበሲ

ubalozi

ቪዛ

visa

ፓስፖርት

pasipoti

መጓዓዝያ
usafiri

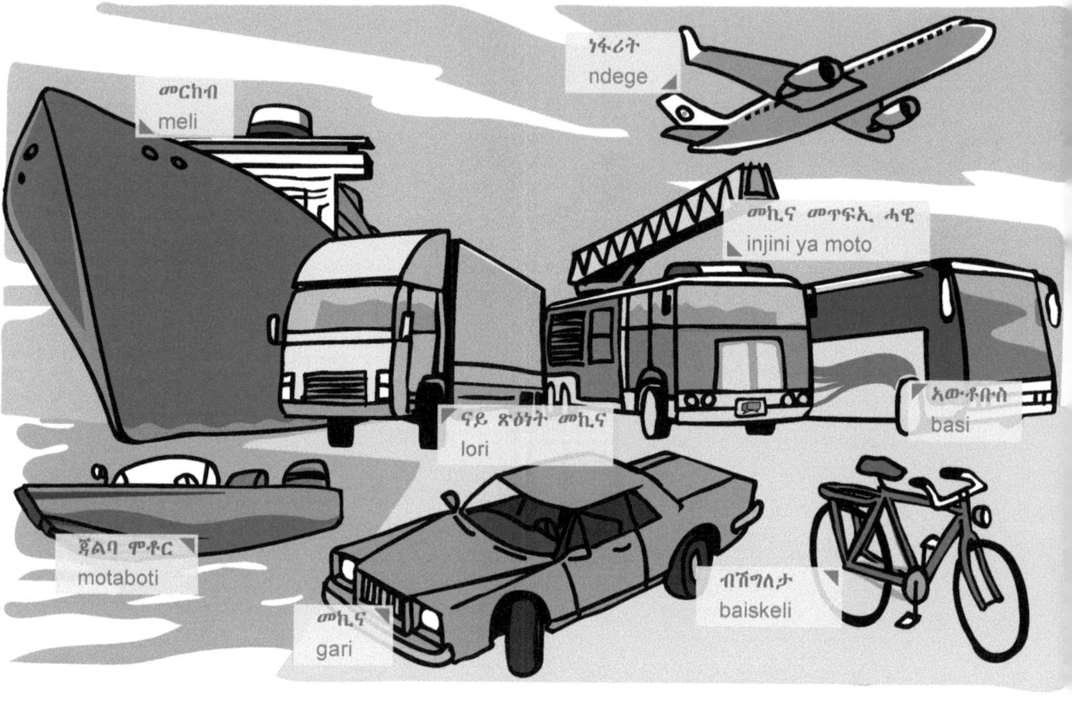
ነፋሪት
ndege
መርከብ
meli
መኪና መጥፍኢ ሓዊ
injini ya moto
ናይ ጽዕነት መኪና
lori
ኣውቶቡስ
basi
ጃልባ ሞቶር
motaboti
ብሽግለታ
baiskeli
መኪና
gari

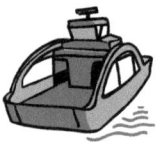

ፌሪ

feri

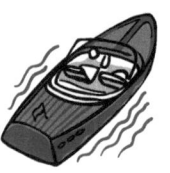

ጃልባ

mashua

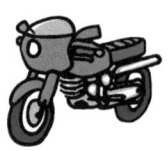

ሞቶ

pikipiki

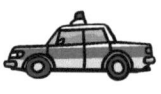

መኪና ፖሊስ

gari la polisi

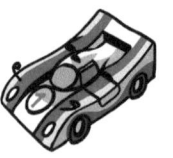

መኪና ቅድድም

gari la mashindano

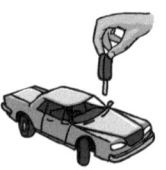

ክራይ መኪና

gari la kukodisha

ምውፋይ መካይን
....
kushiriki gari

መወሰዲ መኪና
....
lori la kuvuta

መኪና ጎሓፍ
....
ukusanyaji taka

ሞቶር
....
motor

ነዳዲ
....
mafuta

እንዳ ነዳዲ
....
kituo cha mafuta

ምልክት ትራፊክ
....
ishara trafiki

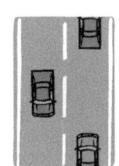

ትራፊክ
....
trafiki

ምጭቕጫቕ ትራፊክ
....
msongamano

መዐሸጊ መኪና
....
maegesho

መዕረፊ ባቡር
....
kituo cha treni

ሓዲግ
....
reli

ባቡር
....
garimoshi

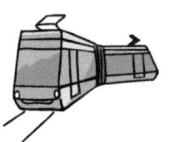

ትረም
....
tremu

ባጎኒ
....
gari la mizigo

ሄሊኮፕተር

helikopta

መዓረፍ ነፈርቲ

uwanja wa ndege

ታወር

mnara

ተንሳዒ

abiria

ኮንተይነር

chombo

ሳንዱቅ ካርቶን

katoni

ኮርሳ ጽዕነት

mkokoteni

ዘንቢል

kikapu

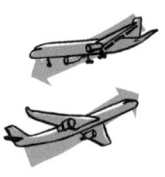

ተበገሰ / ዓለበ

ondoka

ከተማ

jiji

ቀኈሽት

kijiji

ማእከል ከተማ

katikati ya jiji

ገዛ

nyumba

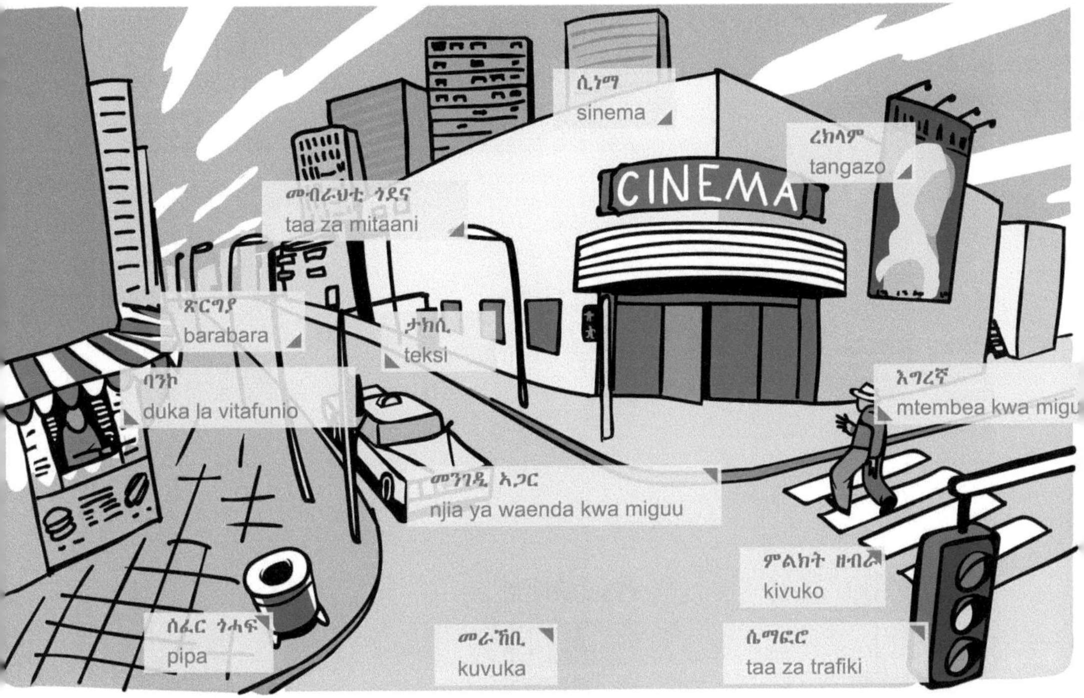

ሲነማ
sinema
CINEMA
ረክላም
tangazo
መብራህቲ ጎደና
taa za mitaani
ጽርግያ
barabara
ታክሲ
teksi
ባንኮ
duka la vitafunio
እግረኛ
mtembea kwa migu
መንገዲ እጋር
njia ya waenda kwa miguu
ምልክት ዘብራ
kivuko
ሰፈር ጎሓፍ
pipa
መራኽቢ
kuvuka
ሴማፎሮ
taa za trafiki

ኣጐዶ

kibanda

ኣፓርትመንት

gorofa

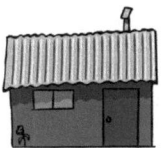

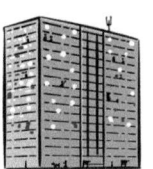

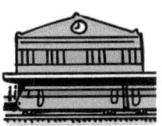

መዕረፊ ባቡር

kituo cha treni

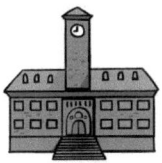

ቤት ምምሕዳር

ukumbi wa mji

MUSEUM

ቤተ መዘክር

Makavazi

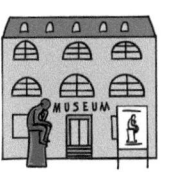

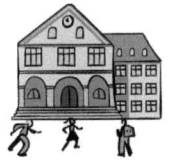

ቤት-ትምህርቲ

shule

ዩኒቨርሲቲ

chuo kikuu

ባንክ

benki

ሆስፒታል

hospitali

መቶበሊ አጋይሽ

hoteli

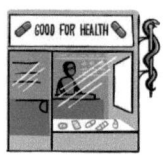

ቤት መድሃኒት

duka la dawa

ቤት ጽሕፈት

ofisi

ዱኳን መጽሐፍቲ

duka la kitabu

ዱኳን

duka

ዱኳን ዕንባባ

duka la maua

ሱፐርማርክት

dukakuu

ዕዳጋ

soko

ሹቅ

idara ya kuhifadhi

ነጋዳይ ዓሳ

mwuza samaki

ሹቅ

kituo cha ununuzi

መርሳ

bandari

መዝናግዒ

Hifadhi

ባንኪ

benki

ድልድል

daraja

መደያይቦ

vidato

ባቡር ትሕቲ ምድሪ

chini ya ardhi

ቢንቶ

handaki

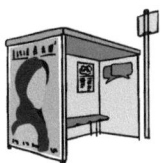

መዕረፊ አውቶቡስ

kituo cha mabasi

ቤት መስተ

bar

ቤት-መግቢ

mgahawa

ሳታሪት

sanduku la posta

ታቤላ

ishara ya barabara

ሰዓት ፓርኪንግ

mita ya maegesho

መካነ እንስሳታት

bustani ya wanyama

መሓምበሲ

kidimbwi cha kuogelea

መስጊድ

msikiti

ቤት ሕርሻ
....
shamba

ብከላ
....
uchafuzi

መቃብር
....
makaburini

ቤተክርስትያን
....
kanisa

ቦታ ምጽዋት
....
uwanja wa michezo

ቤት መቕደስ
....
hekalu

ስእሊ መሬት
mazingira

አቕጣጫ ቲ
jani

መሕበሪ መገዲ
ishara ya mwelekeo

መገዲ
njia

ሻኻ
malisho

እምኒ
jiwe

ኩብላሲ
mtembeaji wa masafa

አግራብ
mti

ፈለግ
mto

ስዓሪ
nyasi

ዕንባባ
ua

ስንጥሮ

bonde

ኮበ

kilima

ቀላይ

ziwa

ዱር

msitu

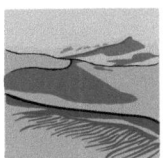

ምድረ በዳ

jangwa

እሳተ-ጎመራ

volkano

ግምቢ

ngome

ቀስተ-ደመና

upinde wa mvua

ቃንጥሻ

uyoga

ዓርኮብኮባይ

mtende

ጣንጡ

mbu

ሃመማ

kuruka

ጻጻ

chungu

ንህቢ

nyuki

ሳሬት

buibui

ሕንዚዝ

mende

ዕንቅርዖብ

chura

ምጽጹላይ

kuchakuro

ቅንፍዝ

nungunungu

ማንቲለ

sungura

ጉንጽ

bundi

ጭሩ

ndege

ስዋን

swan

መፍለስ

nguruwe mwitu

ዓጋዘን

kulungu

ሙስ

aina ya kongoni

ግድብ

bwawa

ተርባይን ንፋስ

tabo ya upepo

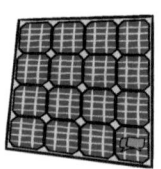

ሶላር ስርሓት

nishaji ya jua

ኩንታት አየር

hali ya hewa

ቤት-መግቢ

mgahawa

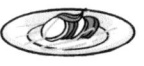

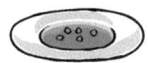

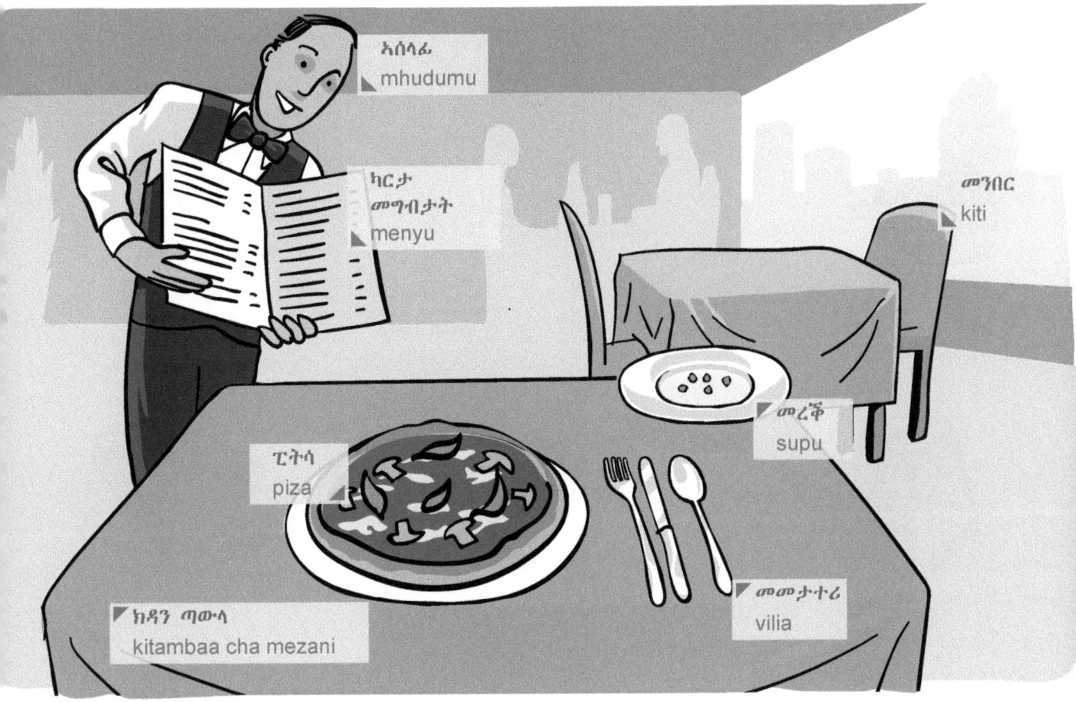

ኣሰላፊ
mhudumu
ካርታ
መግብታት
menyu
መንበር
kiti
መረቕ
supu
ፒትሳ
piza
መመቓተሪ
vilia
ክዳን ጣውላ
kitambaa cha mezani

ቅድመ ቀንዲ መግቢ

kiamsha hamu

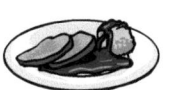

ቀንዲ መኣዲ

kozi kuu

ድሕረ መግቢ

kitindamlo

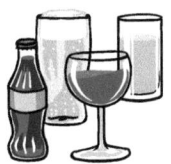

መስተ

vinywaji

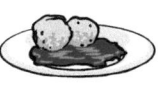

መግቢ

chakula

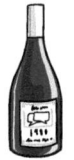

ጥርሙዝ

chupa

ስሉጥ መግቢ

chakula cha haraka

መግቢ ጽርግያ

Streetfood

ብርጭቆ ሻሂ

buli

ታኒካ ሽኮር

kisanduku cha sukari

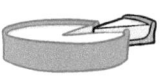

ክፋል

sehemu

ማሺን ኤስፐረሶ

mashine ya espresso

ነዊሕ መንበር

kiti kirefu

ጸብጻብ

muswada

ታብለት

trei

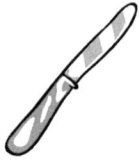

ካራ

kisu

ፋርከታ

uma

ማንካ

kijiko

ማንካ ሻሂ

kijiko cha chai

ሰርቪየት

nepi

ብኬሪ

glasi

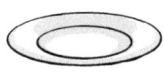

ሸሓኒ
sahani

ሸሓኒ መረቅ
sahani ya supu

ትሕቲ ኩባያ
sufuria

ጸብሒ
mchuzi

ወሃቢ ጨው
kichanyaji chumvi

መጥሓን በርበረ
kinu cha pilipili

ኣቾቶ
siki

ዘይቲ
mafuta

ቀመም
viungo

ከቹፕ
kechapu

ኣድሪ
haradali

ማዮኒዝ
kachumbari nzito

ሱፐርማርክት

dukakuu

ወፈያ
ofa maalum
FOR
ዓሚል
mteja
ፍርያታት ጸባ
maziwa
ፍረታት
matunda
ሰረገላ ዱኳን
toroli

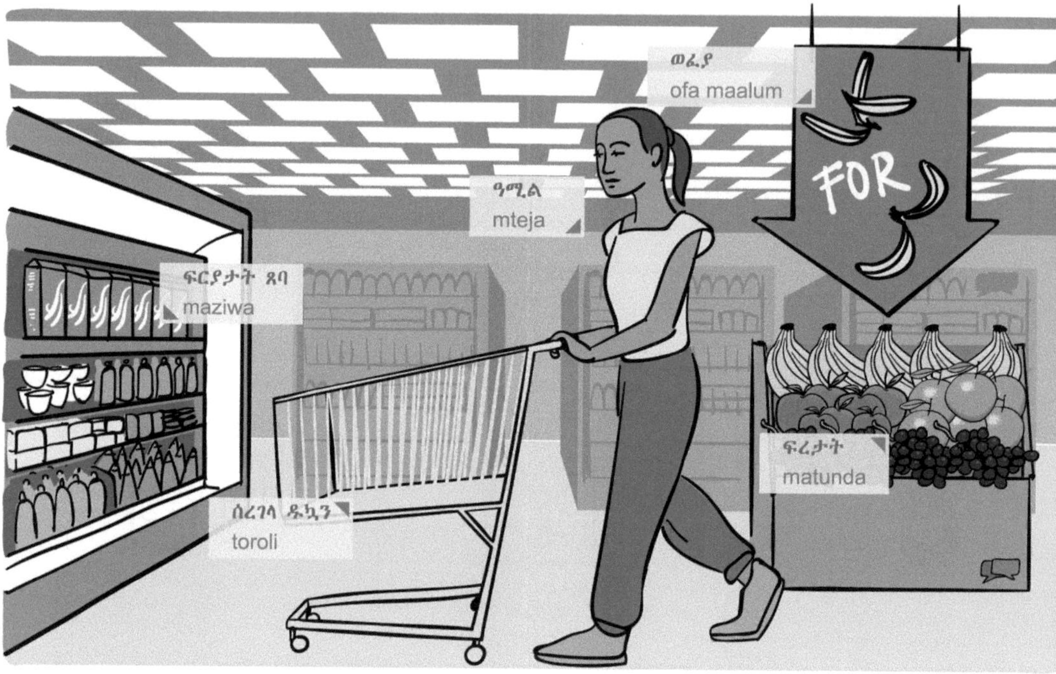

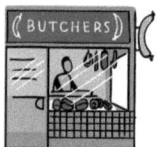

BUTCHERS

እንዳ ስጋ

mchinjaji

BAKERY

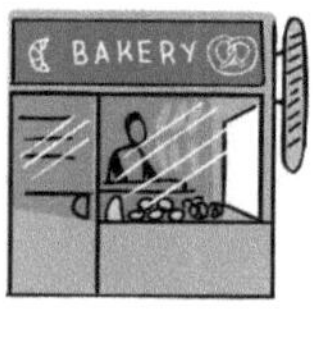

እንዳ ባኒ

mwokaji

ክብደት

uzito

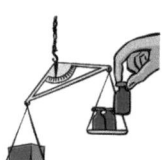

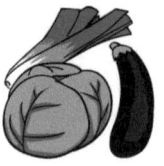

ኣሕምልቲ

mboga

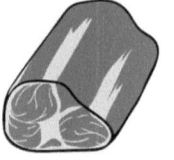

ስጋ

nyama

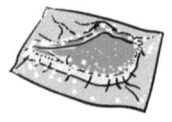

መግቢ ፍሪጅ በረድ

chakula waliohifadhiwa

ዝሑል ቅሩብ መግቢ

vipande vya nyama baridi

እስታጣላ

chakula cha kopo

ኦሞ

sabuni ya unga

ምቁር መግቢ

pipi

ዘቤታውያን ኣቕሑ

bidhaa za kaya

ናውቲ መጽረዪ

bidhaa za kusafisha

ሸቃጣይ

mtu mauzo

ካሳ

mpaka

ተሓዝ ገንዘብ

keshia

ዝርዝር ምግዛእ

orodha ya manunuzi

ክፉት ሰዓታት

masaa ya ufunguzi

ማሕፋዳ

mkoba

ክረዲት ካርድ

kadi

ሳንጣ

mfuko

ፌስታል

mfuko wa plastiki

ማይ

maji

ጅማቆኑ

sharubati

ጸባ

maziwa

ኮላ

coke

ነቢት

mvinyo

ቢራ

bia

አልኮል

pombe

ካካው

kakao

ሻሂ

chai

ቡን

kahawa

ኤስፕረሶ

spreso

ካፑቺኖ

kapuchino

ባናና

ndizi

ቱፋሕ

tufaha

አራንሺ

machungwa

ብርጭቆ

tikiti

ለሚን

lemon

ካሮት

karoti

ጻዕዳ ሽጉርቲ

kitunguu saumu

ባምቡስ

mianzi

ሽጉርቲ

kitunguu

ቅንጥሻ

uyoga

ፉል

karanga

ፓስታ

nudo

ስፓገቲ

spageti

ሩዝ

mpunga

ሰላጣ

saladi

ቅልዋ ድንሽ

vibanzi

ቅሉው ድንሽ

viazi vya kukaanga

ፒትሳ

piza

ሃምቡርገር

hambaga

ፓኒኖ

sandwichi

ቢስተካ

kipande

ሰለፍ ሓሰማ

paja la mnyama

ሳላሚ

salami

ግዕዝም

soseji

ደርሆ

kuku

ቀለወ

choma

ዓሳ

samaki

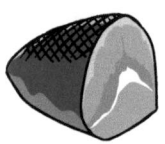

ገዓት

oats ya uji

ሙስሊ

muesli

ኮርንፍላይክስ

cornflakes

ሓርጭ

unga

ክሮሶን

kroisanti

ባኒ

andazi

ባኒ

mkate

ቶስት

mkate wa kubanika

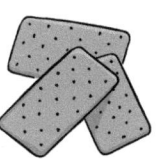

ብሽኮቲ

biskuti

ጠስሚ

siagi

ርጎኦ

maziwa mgando

ፓስተ

keki

እንቋቝሖ

yai

ቅሉው እንቋቝሖ

yai kukaanga

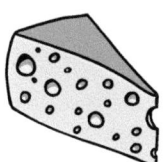

ፉርማጆ

jibini

አይስ ክሪም
....
aiskrimu

ሽኮር
....
sukari

መዓር
....
asali

ጀም
....
jemu

ኑጋት-ክረም
....
kuenea kwa chokoleti

ኩሪ
....
mchuzi wa viungo

ቤት ሕርሻ
nyumba ya kilimo

መኽዘን
ghalani

ሓሰር ቦንዳ
majani bale

ግራት
uwanja

ፈረስ
farasi

ተስሓቢ
trela

ዒሉ
mtoto

ትራክተር
trekta

ኣድጊ
punda

ዕየት
mwanakondoo

በጊዕ
kondoo

ጤል
mbuzi

ብዕራይ
ng'ombe

ምራኽ
ndama

ሓሰማ
nguruwe

ውላድ ሓሰማ
mwananguruwe

ኣርሓ
fahali

ዓሳ
batabukini

ማይ ደርሆ
bata

ጫቊፇት
kifaranga

ደርሆ
kuku

ኣርሓ ደርሆ
jogoo

ኣንጪዋ ዓባይ
panya

ድሙ
paka

ኣንጭዋ
panya

ብዕራይ
ng'ombe

ከልቢ
mbwa

ኣጕዶ ከልቢ
nyumba ya mbwa

ቱባ ጆርዲን
bomba la bustani

መዝፈፈ ማይ
debe la kumwagilia maji

ዓቢ ማዕጺድ
fyekeo

ማሕረሻ
kulima

ማዕጺድ
mundu

ጭኳሮ
jembe

መስአ
uma wa nyasi

ፋስ
shoka

ዓረብያ ኢድ
toroli

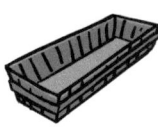

ጋብላ
kupitia nyimbo

ብርጭቆ ጸባ
chombo cha maziwa

ከሻ
gunia

ሓጹር
ua

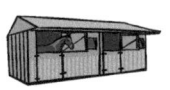

መንስስ
imara

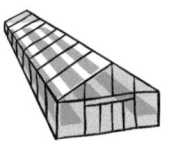

ቻጠልያ ገዛ
chafu

ባይታ
udongo

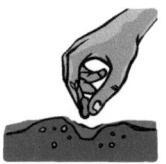

ዘርኢ
mbegu

ድኹዒ
mbolea

ዘጣምር ቀውዓይ
kivunaji

ቤት ሕርሻ - shamba

ቀውዐ

mavuno

ጸጋ

mavuno

ድንሽ ያም

viazi vikuu

ስርናይ

ngano

ሶያ

soya

ድንሽ

viazi

ዕፉን

mahindi

ራፕስ

rapa

ገረብ ፍረታት

mti wa matunda

ማኒኦክ

muhogo

አእኻል

nafaka

nyumba

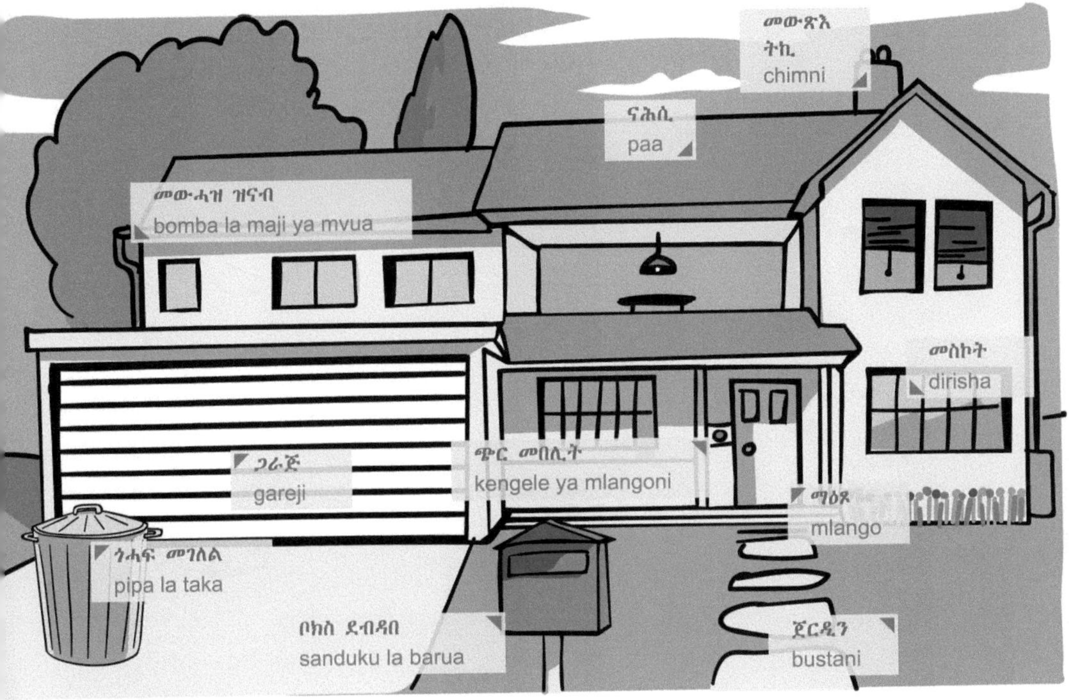

መውጽእ ትኪ
chimni

ናሕሲ
paa

መውሓዝ ዝናብ
bomba la maji ya mvua

መስኮት
dirisha

ጋራጅ
gareji

ጡር መበሊት
kengele ya mlangoni

ማዕጾ
mlango

ጓሓፍ መገስለል
pipa la taka

ቦክስ ደብዳበ
sanduku la barua

ጀርዲን
bustani

ክፍሊ ምቕማጥ

sebuleni

ክፍሊ ባንዮ

bafu

ክሽነ

jikoni

ክፍሊ መደቀሲ

chumba cha kulala

ክፍሊ ቆልዑ

chumba ya mtoto

መመገቢ ክፍሊ

chumba cha kulia

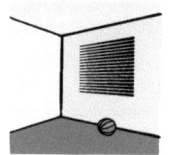

ባይታ
sakafu

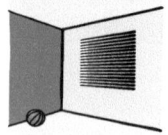

መንደቅ
ukuta

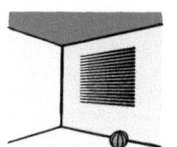

ከቦርታ
dari

ካንቲና
pishi

ሳውና
sauna

ባልኮን
roshani

ዛላ
mtaro

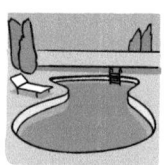

መሕምበሲ
kidimbwi

መቑረጺ ሳዕሪ
mashine ya kukata nyasi

አንሶላ ዓራት
karatasi

ከቦርታ ዓራት
kitambaa cha kupamba
kitanda

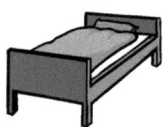

ዓራት
kitanda

መኹስተር
ufagio

መገለል
ndoo

መወልዊት
kubadili

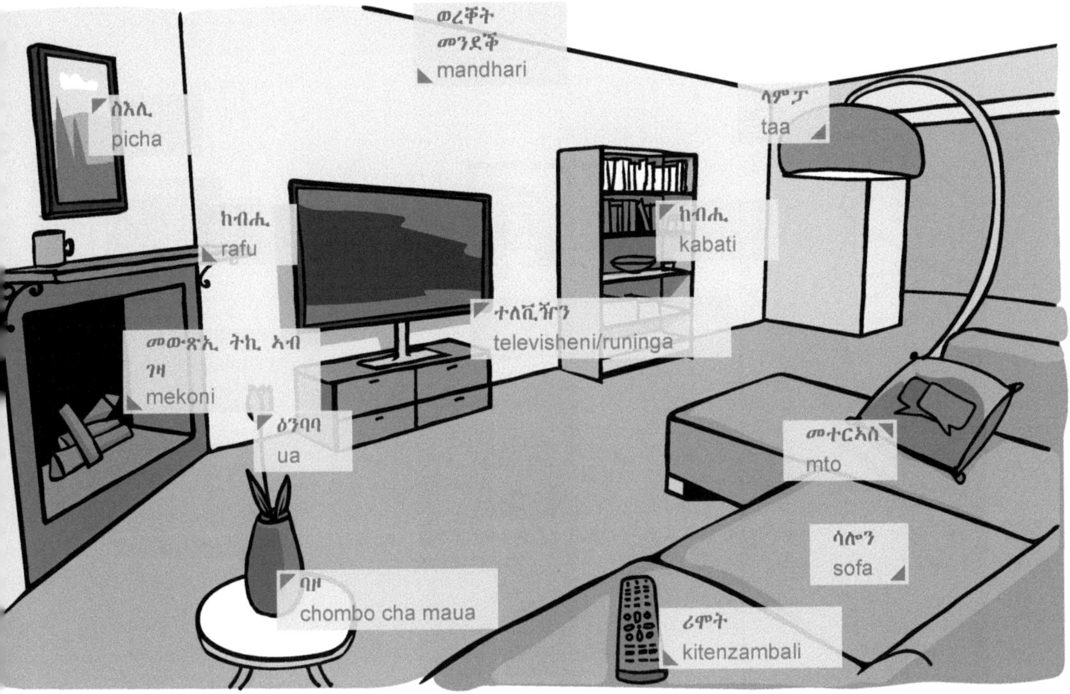

ወረቓት መንደቕ mandhari

ስእሊ picha

ላምፓ taa

ከብሒ rafu

ከብሒ kabati

መውድኢ ትኪ አብ ገዛ mekoni

ተለቪዥን televisheni/runinga

ዕንባባ ua

መተርኣስ mto

ሳሎን sofa

ባዕ chombo cha maua

ሪሞት kitenzambali

መንጸፍ
zulia

መጋረጃ
pazia

ጣውላ
meza

መንበር
kiti

ሰለል ዝብል መንበር
kiti cha bembea

መንበር ም`ቑእ
armchair

መጽሓፍ
kitabu

ከቦርታ
blanketi

ስልማት
mapambo

እንጨይቲ ሓዊ
kuni

ፊልም
filamu

ስተረዮ
kifaa cha hi-fi

መፍትሕ
ufunguo

ጋዜጣ
gazeti

ቅብአ
uchoraji

ፖስተር
bango

ረድዮ
redio

ጥራዝ
daftari

መልገሲ ደሮና
kifyonza

በለስ
dungusi kakati

ሽምዓ
mshumaa

ክሽነ
jikoni

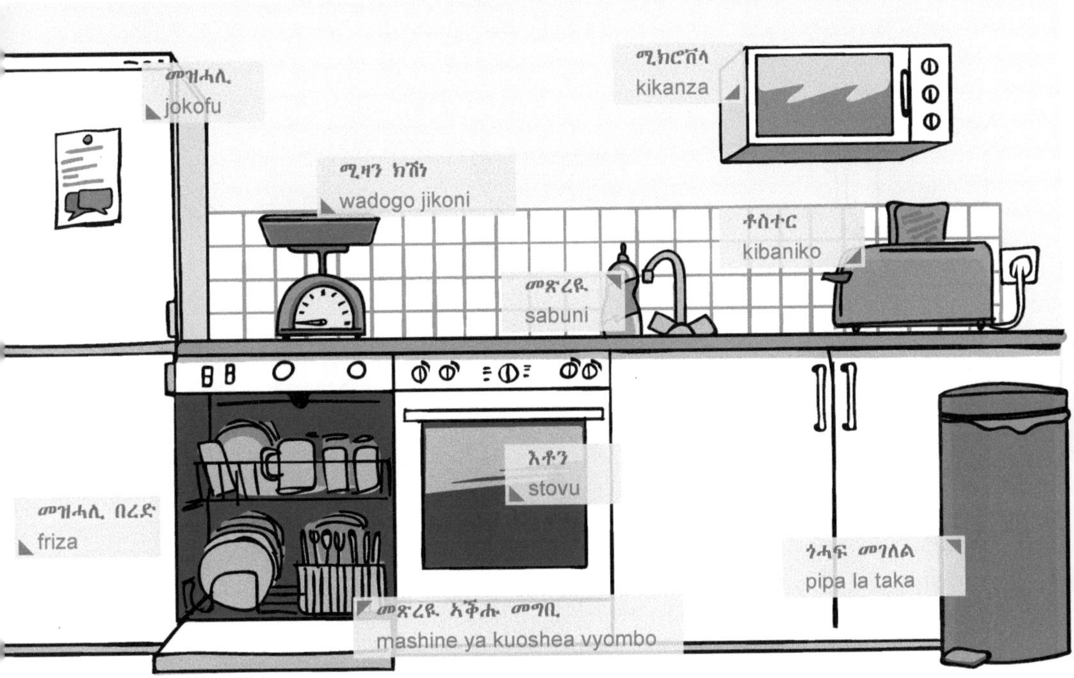

መዝሓሊ
jokofu
ሚክሮቨላ
kikanza
ሚዛን ክሽነ
wadogo jikoni
ቶስተር
kibaniko
መጽረዪ
sabuni
እቶን
stovu
መዝሓሊ በረድ
friza
ጎሓፍ መገለል
pipa la taka
መጽረዪ ኣቕሑ መግቢ
mashine ya kuoshea vyombo

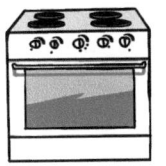

መኽሸኒ

jiko la kupika

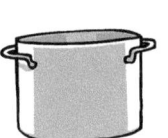

ድስቲ

chungu

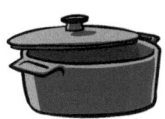

ድስቲ ሓጺን

sufuria ya chuma

ዎክ/ካዳይ

wok / kadai

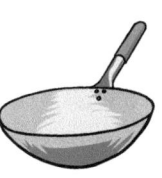

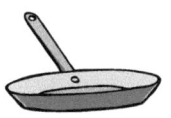

ባደላ

kaango

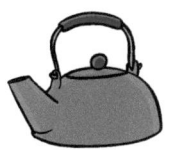

መውዓዪ ማይ

birika

መፍልሒ

stima

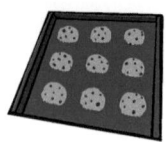

ንንቴራ ምስንካት

sinia ya kuoka

ኣቅሑ መግቢ

vyombo vya udongo

ብርጭቆ

kombe

ጭሓሎ

bakuli

ማንካቺና

vijiti vya kulia

ማንካ መረቅ

ukawa

መገልበጢ ባደላ

mwiko mpana

መኹስተር ውርጪ

burashi

መንፊት መግቢ

kichujio

መንፊት

chujio

መፋሕፍሒ

mbuzi

ሞርታር

chokaa

ባርቢክዩ

barbeque

ስፍራ ሓዊ

moto wazi

እንጨይቲ ምምታር

ubao wa majaribio

እንጨይቲ ኩረር

kijiti cha kusukuma unga

መኽፈት ቡሽ

kizibuo

ታኒካ

kopo

መኽፈቲ ታኒካ

inaweza kopo

ጨርቂ ድስቲ

kishikio cha chungu

ቡምባ

karo

አስባስላ

brashi

ሰፍነግ

sifongo

ሓዋሲ አደባላቜ

kisagaji matunda

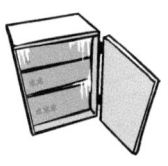

መዝሓሊ በረድ

friji ya kina

ጥርሙዝ ማማይ

chupa ya mtoto

ቡምባ ማይ

bomba

መዉዓዪ
joto

መሕጸቢ ሻወር
mfereji wa kuogea

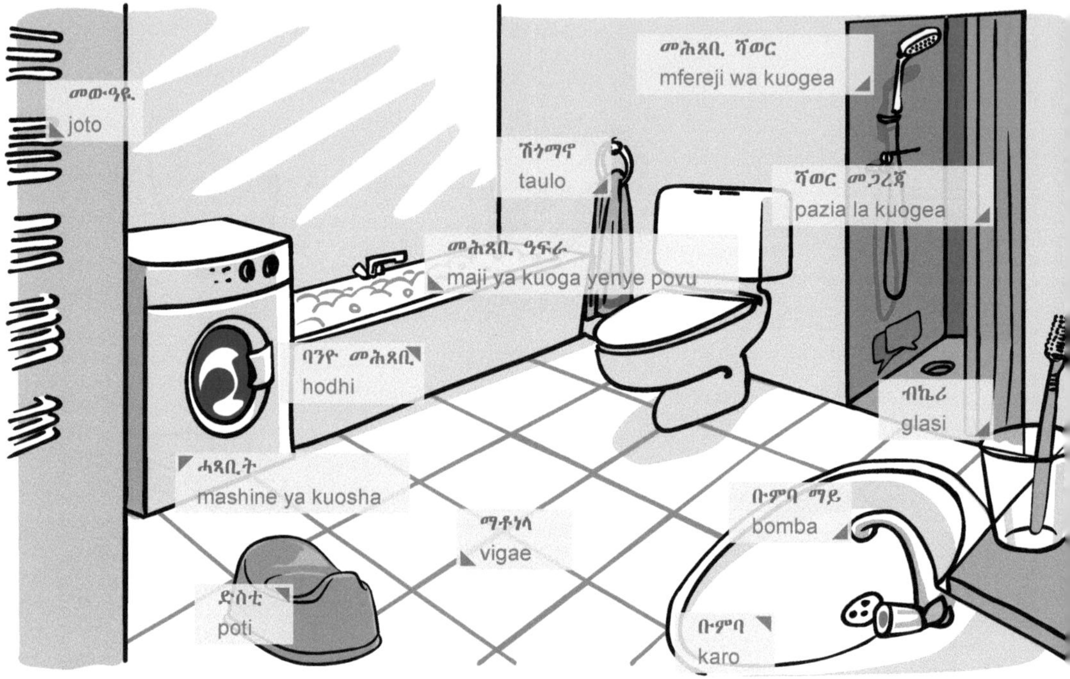

ሻማኖ
taulo

ሻወር መጋረጃ
pazia la kuogea

መሕጸቢ ዓፍራ
maji ya kuoga yenye povu

ባንዮ መሕጸቢ
hodhi

ብኬሪ
glasi

ሓጸቢት
mashine ya kuosha

ማቶነላ
vigae

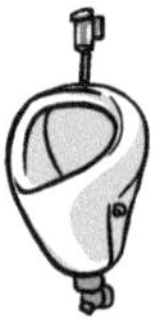

ቡምባ ማይ
bomba

ድስቲ
poti

ቡምባ
karo

ሽቓቕ	ሽቓቕ ኮፍ	በዱ
choo	choo cha squat	beseni la mviringo
	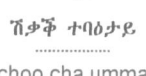	
ሽቓቕ ተባዕታይ	ወረቐት ሽቓቕ	አስባስላ ሽቓቕ
choo cha umma	shashi	brashi ya choo

አስባስላ ስኒ

mswaki

ክረማ ስኒ

dawa ya meno

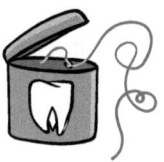

ሃሪ ስኒ

dawa ya meno

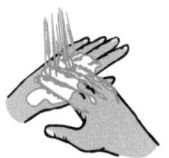

ሓጸበ

safisha

ዱሽ ኢድ

kuoga mkono

ዱሽ

msukumo wa maji

ብርጭቆ ምሕጸብ

bonde

አስባስላ ሕቆ

mpako wa pili

ሳምና

sabuni

ሻወር ጀል

jeli ya kuogea

ሻምፑ

shampuu

ጨርቂ መሕጸቢ

flana

መውሓዚ

toa maji

ክረማ

krimu

ደዮ ጨና

kiondoa harufu

መስትያት
kioo

ናይ ኢድ መስትያት
kioo mkono

መላጸ
kinyozi

ዓፍራ ምልጸይ
povu la kunyoa

ጨና ድሕሪ ምልጸይ
baada ya kunyoa

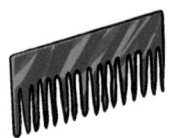

መመሸጥ
kichana

ኣስባስላ
brashi

መንቆጺ ጸግሪ
kikausha nywele

ስፕረይ ጸግሪ
marashi ya nyewele

መመለኽዒ
vipodozi

ብርዒ ቀለም ከንፈር
kidomwa

ኣዝማላቶ
varnish ya msumari

ጸምሪ ጡጥ
pamba

መስደዲ ጽፍሪ
mkasi wa kucha

ጨና
manukato

ሳንጣ መሕጸቢ
mkoba wa kuosha

ድኳ
kinyesi

ሚዛን
mizani

ክዳን መሕጸቢ
nguo ya kuoga

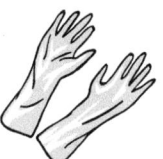

ጓንቲ መጸረዪ
glavu za mpira

ታምፖን
kisodo

ጨርቂ ሰበይቲ
sodo

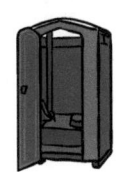

ሽቓቕ ከሚስትሪ
kemikali choo

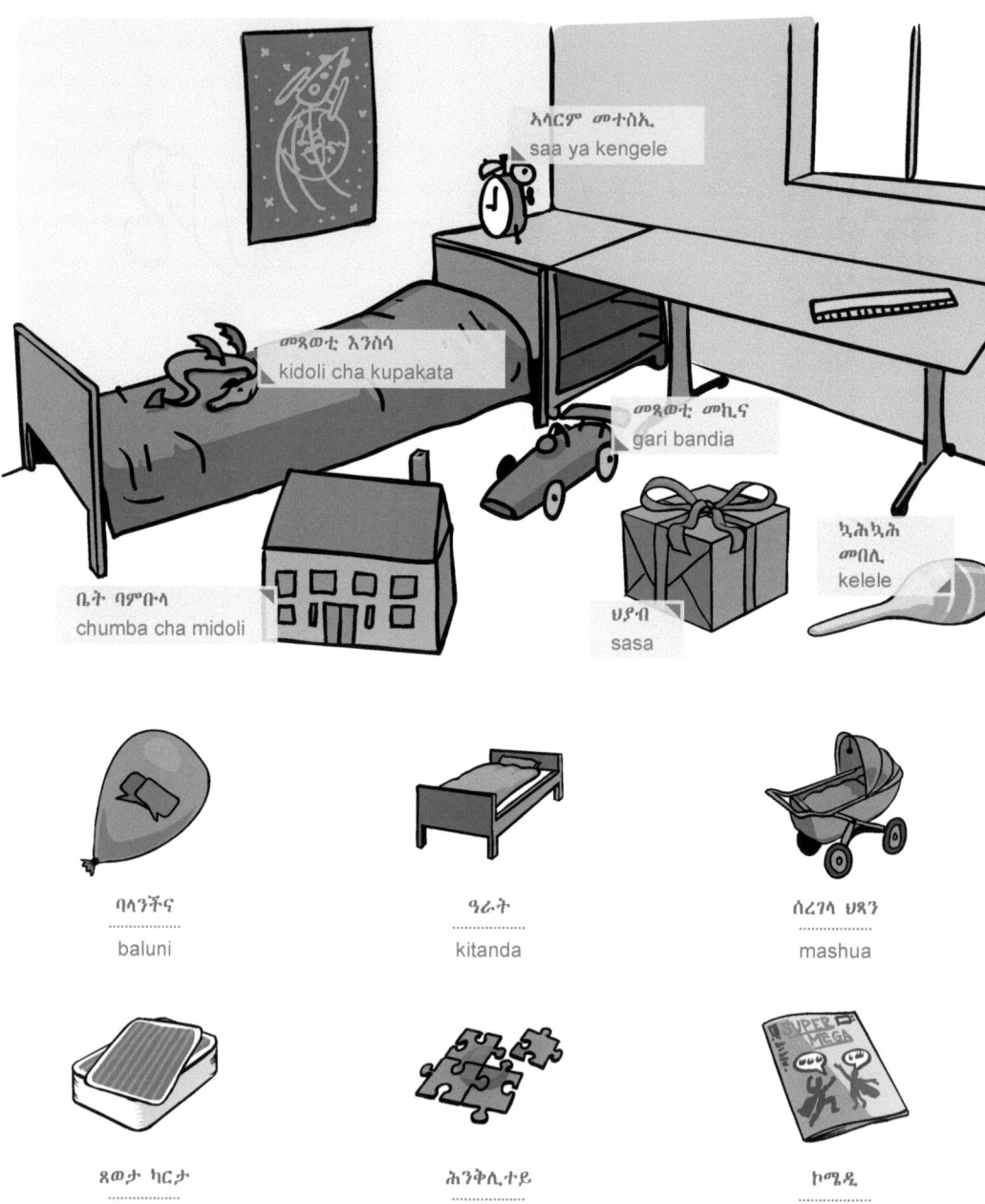

አሳርም መተስኢ
saa ya kengele

መጻወቲ እንስሳ
kidoli cha kupakata

መጻወቲ መኪና
gari bandia

ቤት ባምቡላ
chumba cha midoli

ኳሕኳሕ መበሊ
kelele

ህያብ
sasa

ባላንችና
baluni

ዓራት
kitanda

ሰረገላ ህጻን
mashua

ጸወታ ካርታ
staha ya kadi

ሕንቅሊተይ
mchezo-fumb

ኮሜዲ
vichekesho

እምንታት መጸወቲ ለጎ

matofali lego

መጸወቲ እምንታት

vitalu mwigo

በዓል አክቶን

hatua takwimu

ክዳን ማማይ

suti ya kulalia

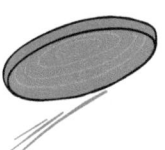

ፍሪስቢ

kisahani

ሞባይል ማማይ

simu

ጸወታ ሰሌዳ

ubao wa michezo

ኩቦ

kete

ሞደል ባቡር ምድሪ

garimoshi mwigo

ዓባስ

dummy

ፓርቲ

chama

መጽሐፍ ስእሊ

picha kitabu

ኩዕሶ

mpira

ባምቡላ

kikaragosi

ተጸወተ

kucheza

ክፍሊ ቆልዑ - chumba ya mtoto

43

መጻወቲ ሓጻ

shimo la mchanga

ሰላል

bembea

መጻወቲታት

vitu bandia

ኮንሶል ቪድዮ

kiweko cha video ya mchezo

መጻወቲ ሰለስተ መንኮርኮር

baiskeli ya magurudumu matatu

ተዲ

mwanasesere

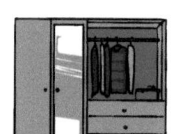

ከብሒ ክዳን

kabati

ክዳን

nguo

ካልስታት

soksi

ነዊሕ ካልስታት

stokingi

ስረ ካልሲ

kibano

ሻርባ
skafu

ጽላል
mwavuli

ማልያ
fulana

ቁልፊ
ukanda

ሬፋዕ
viatu

ጫማ ገዛ
ndara

ስኒከርስ
wakufunzi

ሻበጥ
malapa

ጫማ
viatu

ሬፋዕ ጎማ
mabuti ya mpira

ሙታንታ
suruali ya ndani

ክዳን ጡብ
sidiria

ትሕተ ካሚቻ
fulana

ቦዲ

mwili

ስረ

suruali

ጂንስ

dangirizi

ቀሚ ሽ

sketi

ካምቻ

blauzi

ካሚቻ

shati

ጉልፍ

vuta

ጎልፍ

sweta

ጃኬት

bleza

ጃከት

jaketi

ጆባ

koti

ክዳን ዝናብ

koti la mvua

ኮስቱም

maleba

ቀምሽ

gauni

ቀምሽ መርዓ

mavazi ya harusi

ልብሲ
suti

ካሚቻ ለይቲ
vazi la usiku

ክዳን ለይቲ
pajama

ሳሪ
sari

መሃረብ ርእሲ
skafu

ቱርባን
kilemba

ቡርካ
burka

ካፍታን
kaftan

ኣባያ
abaya

ክዳን መሕምበሲ
vazi la kuogelea

ስሪ መሕምበሲ
vazi la kiume la kuogelea

ሓጺር ስሪ
kaptura

ክዳን ታዕሊም
teitei

በጃ ክዳን
aproni

ጓንቲ
glavu

መልኮም
kifungo

መነጽር
glasi

በንናጅር
bangili

ማዕተብ
mkufu

ቀለበት
pete

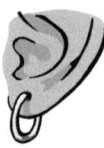

ኩትሻ
herini

ቆብዕ
kofia

መንበሪ ጁባ
kiango cha koti

ባርኔጣ
kofia

ካርራቫት
tai

ሻርኔጣ
zipu

ሀልመት
kofia

መድልደል ስረ
kanda za suruali

ድቢዛ ቤትትምህርቲ
sare za shule

ድቢዛ
sare

ሰደርያ ቆልዓ
....
bibu

ዓባስ
....
dummy

ጨርቂ ማማይ
....
nepi

ቤት ጽሕፈት
ofisi

ሰርቨር
seva

ክብሒ ሰነድ
kabati la kuweka faili

ፕሪንተር
kichapishaji

ወረቐት
karatasi

ሞኒቶር
kiwambo

ጣውላ
ምጽሓፍ
dawati

እንጭዋ
kipanya

ሓጀራ
folda

ኪቦርድ
kibodi

ወረቐት
ou cha kuweka karatasi chafu

መንበር
kiti

ኮምፒተር
kompyuta

ብርጭቆ ቡን
....
kmobe la kahawa

ካልኩለተር
....
kikokotoo

ኢንተርነት
....
biashara

ለፕቶፕ

mbali

ደብዳበ

barua

መልእኽቲ

ujumbe

ሞባይል

rununu

ነትወርክ/መርበብ

intaneti

መቅድሒ ፎቶኮፒ

fotokopia

ሶፍትዌር

programu

ተለፎን

simu

ሶከት ኣረንቲ

soketi

ፋክስ

kipepesi

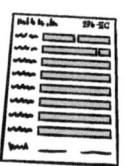

ፎርም

fomu

ሰነድ

hati

ገዝአ

kununua

ከፈለ

kulipa

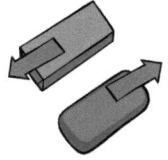

ንግዴ

biashara

ገንዘብ

fedha

ዶላር

dola

አይሮ

yuro

የን

yeni

ሩብል

rouble

ስዊዝ ፍራንከን

faranga ya Uswisi

ረንሚንቢ ዩዋን

renminbi yuan

ሩፒየ

rupia

መውጽኢ ማሺን ገንዘብ

eneo la kulipia

ቦታ ቅያር ገንዘብ

ofisi ya ubadilishanaji

ወርቂ

dhahabu

ብሩር

fedha

ዘይቲ

mafuta

ሓይሊ

nishati

ዋጋ

bei

ውዕል

mkataba

ቀረጽ

kodi

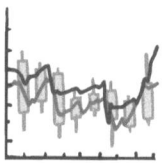

እኩብ ጥረ-ነገራት

bidhaa

ሰርሓ

kazi

ሰራሕተኛ

mfanyakazi

አስራሒ

mwajiri

ትካል

kiwanda

ዱኳን

duka

በዓል ፖሊስ
afisa wa polisi

መጠፈኢ ሓዊ
mzimamoto

ከሽነ
mpishi

ሓኪም
daktari

መራሒ ነፋሪት
rubani

ሰራሕተኛ ጆርዲን

mtunza bustani

ጸራቢ ዕንጸይቲ

seremala

ሰፋይት

mshonaji

ፈራዳይ

hakimu

ቀማሚ

mwanakemia

ተዋሳኢ

muigizaji

መራሒ አዉቶቡስ

dereva wa basi

አዉቲስታ ታክሲ

dereva wa teksi

ገፋፊ ዓሳ

mvuvi

ጸራጊት

mwanamke wa kusafisha

ሃናጸይ ናሕሲ

mwezekaji

አሰላፊ

mhudumu

ሃዳናይ

mwindaji

ሰአላይ

mchoraji

እንዳ ሕብስቲ

mwokaji

ኤለትሪከኛ

umeme

ሃናጺ አባይቲ

mjenzi

ሃንዳሲ

mhandisi

ሰራሕተኛ እንዳ ስጋ

mchinjaji

ድራብሊኮ

fundi bomba

አማላሳሲ ፖስጣ

mwanaposta

ወተሃደር

mwanajeshi

መሃንድስ

msanifu majengo

ተሓዛ ገንዘብ

keshia

ሰራሕተኛ ዕምባባ

muuza maua

ቀም ቃማይ

msusi

ፈተሪኖ

kondakta

መካኒክ

mekanika

መራሒ መርከብ

nahodha

ሓኪም ስኒ

daktari wa meno

ተመራማሪ

mwanasayansi

ራቢ

rabbi

ኢማም

imamu

ፈላሲ

mtawa

ቀሺ

kasisi

ናውቲ

zana

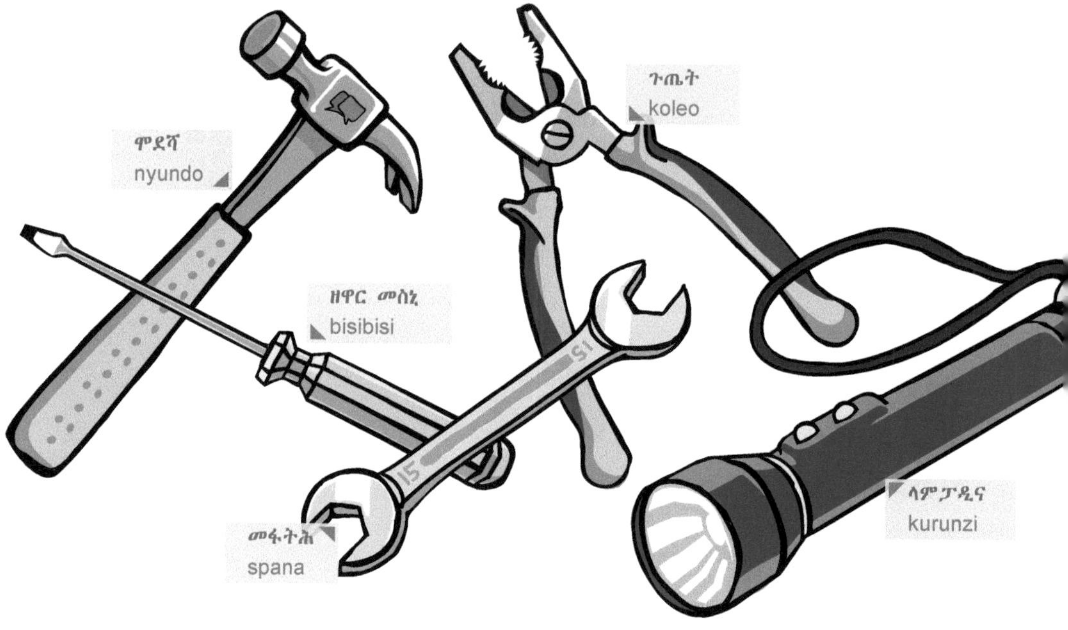
ሞደሻ
nyundo
ጉጤት
koleo
ዘዋር መስኪ
bisibisi
መፍትሕ
spana
ላምፓዲና
kurunzi

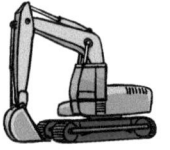

ፈሓሪ

mchimbaji

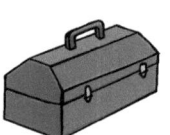

ናውቲ ቦክስ

sanduku la vifaa

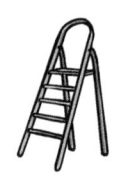

መደያይቦ

ngazi

መጋዝ

msumeno

መስማር

misumari

ኰዓቲ

kuchimba visima

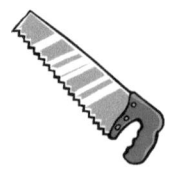

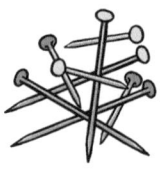

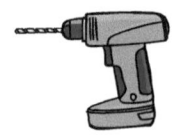

ምዕራይ
....
kukarabati

ባደላ
....
sepetu

አይ!
....
Lo!

መትሓዚ ዶሮና
....
kishikio cha uchafu

ድስቲ ቀለም
....
chungu cha rangi

ካቻቢተ
....
skurubu

መሳርሒ ሙዚቃ
ala za muziki

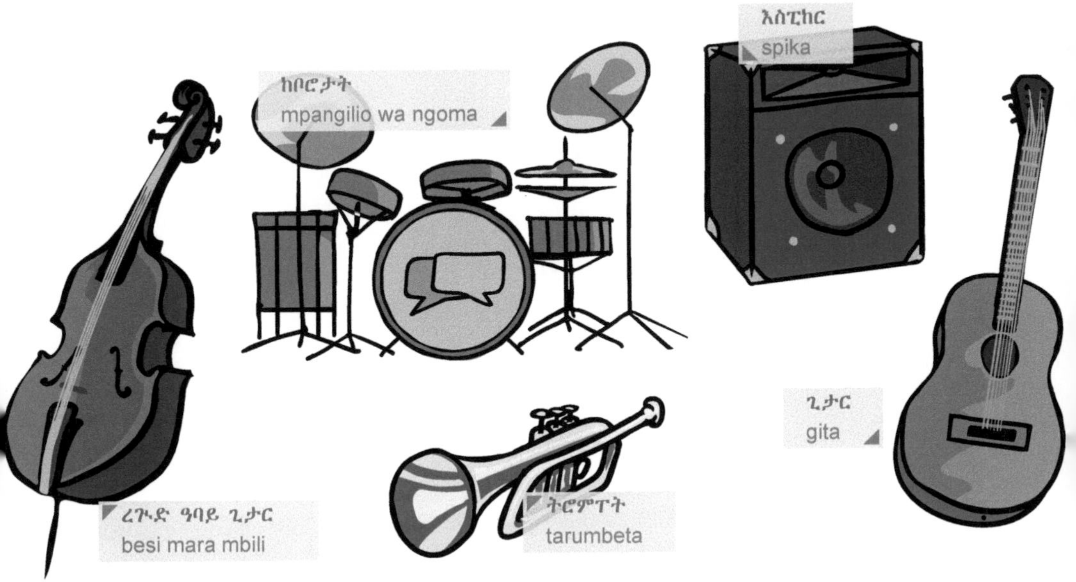

እስፒከር
spika

ከቦሮታት
mpangilio wa ngoma ▲

ጊታር
gita ▲

▶ ረጉድ ዓባይ ጊታር
besi mara mbili

ትሮምፐት
tarumbeta

ፒያኖ

piano

ቪዮሊን

fidla

ባስ ጊታር

ubeji

ቲምንኢ

timpani

ከቦሮ

ngoma

ኦርጋን

kibodi

ሳክሶፎን

saksafoni

ሻምብቆ

filimbi

ሚክሮፎን

maikrofoni

መካነ እንስሳታት

bustani ya wanyama

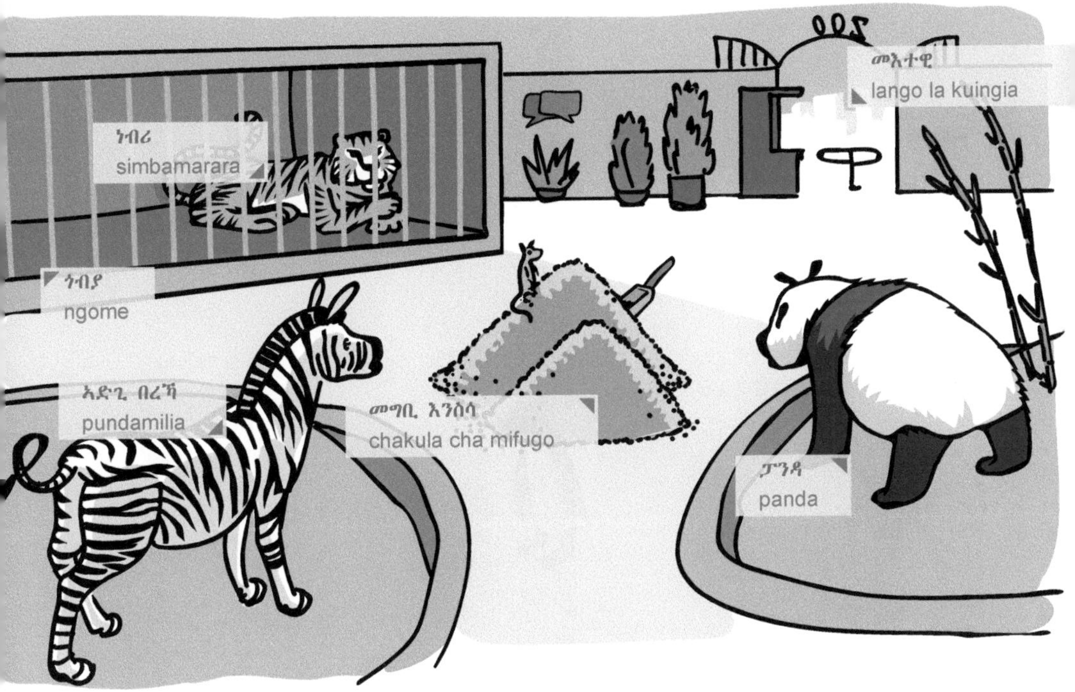

መእተዊ
lango la kuingia
ነብሪ
simbamarara
ንብያ
ngome
ኣድጊ በረኻ
pundamilia
መግቢ እንስሳ
chakula cha mifugo
ፓንዳ
panda

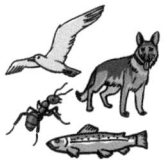

እንስሳታት

wanyama

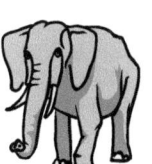

ሓርማዝ

tembo

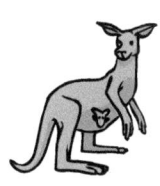

ካንጋሩ

kangaruu

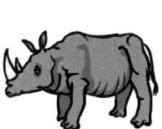

ሓሪሽ

kifaru

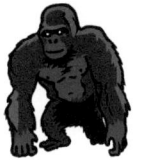

ጉሪላ

sokwe

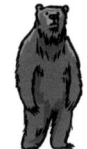

ድቢ

dubu

ገመል
ngamia

ሰገን
mbuni

አንበሳ
simba

ህበይ
tumbili

ፍላሚንጎ
heroe

ሕንጻይ
kasuku

ድቢ በረድ
dubu

ፐንጒን
penguini

ክልቢ ዓሳ
papa

ጣውስ
tausi

ተመን
nyoka

ሓርገጽ
mamba

ሓላዊ ቤት ገርድሽ
mtunza wanyama

ዓሳ ዚምገብ እንስሳ ባሕሪ
muhuri

ጃጓር
jaguar

ሓጹር ፈረስ
mwanafarasi

ነብሪ
chui

ጉማሪ
kiboko

ጀራፍ
twiga

ሲላ
tai

መፍለስ
nguruwe mwitu

ዓሳ
samaki

ጎብየ
kobe

ዋልሩስ
sili

ወኻርያ
mbweha

ሰስሓ
paa

ናይ አሜሪካ ኩዕሶ እግሪ
soka ya marekani

ምዝዋር ብሽግለታ
uendeshaji baiskeli

ተኒስ
tenisi

ባስከትባል
mpira wa kikapu

ምሕምባስ
kuogelea

ቦክሲንግ
ndondi

ሆኪ በረድ
magongo ya barafuni

ኩዕሶ እግሪ
soka

ባድሚንተን
vinyoya

እስፖርታዊ ንጥፈታት
riadha

ኩዕሶ ኢድ
mpira wa mikono

ስኪ
skii

ፖሎ
polo

ሰሓቅ
cheka

ነጠረ
kuruka

ሓቖፈ
kumbatia

ከደ
kutembea

ደረፈ
kuimba

ሓለመ
ota ndoto

ጸለየ
kuomba

ሰዓመ
busu

ጸሓፈ	ሰአለ	አርአየ
kuandika	kuteka	angalia
ደፍአ	ሃበ	ወሰደ
sukuma	kutoa	kuchukua

አለወ

kuwa

ገበረ

fanya

ኮነ

kuwa

ጠጠው በለ

kusimama

ጎየየ

kukimbia

ሰሓብ

vuta

ሰንደወ

kutupa

ወደቐ

kuanguka

ሓሰወ

hadaa

ተጸበየ

kusubiri

ሰከም

kubeba

ኮፍ በለ

kukaa

ተኽድነ

vaa nguo

ደቀሰ

usingizi

ተስአ

kuamka

64   **ንጥፈታት** - shughuli

ረአየ

kuangalia

በኸየ

lia

ብአጸብዑ ደረዘ

kiharusi

መሸጠ

chana nywele

ተዛረበ

ongea

ተረድአ

kuelewa

ሓተተ

kuuliza

ሰምዐ

kusikiliza

ሰተየ

kunywa

በልዐ

kula

አጽመጠ

nadhifisha

አፍቀረ

upendo

ከሸነ

mpishi

ዘወረ

gari

ነፈረ

kuruka

ብመርከብ ገየሽ
meli

ደመረ
kokotoa

አንበበ
kusoma

ተመሃሪ
kujifunza

ሰርሐ
kazi

መርዓወ
kuoa

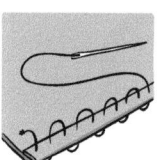

ሰፈየ
kushona

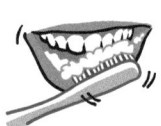

ጽሬት አስናን
piga mswaki

ቀተለ
kuua

ሽጋራ ተከኸ
moshi

ሰደደ
kutuma

ጋሻ
mgeni

ሓትኖ
shangazi

አኮ
mjomba

ሓው
kaka

ሓፍቲ
dada

ኣካላት

mwili

ግንባር
paji la uso
ዓይኒ
jicho
ገጽ
uso
መንከስ
kidevu
ኣጻብዕ
kidole
ኢድ
mkono
ኣፍ-ልቢ
matiti
ምናት
mkono
መንኩብ
bega
ሸፋን እግሪ
mguu

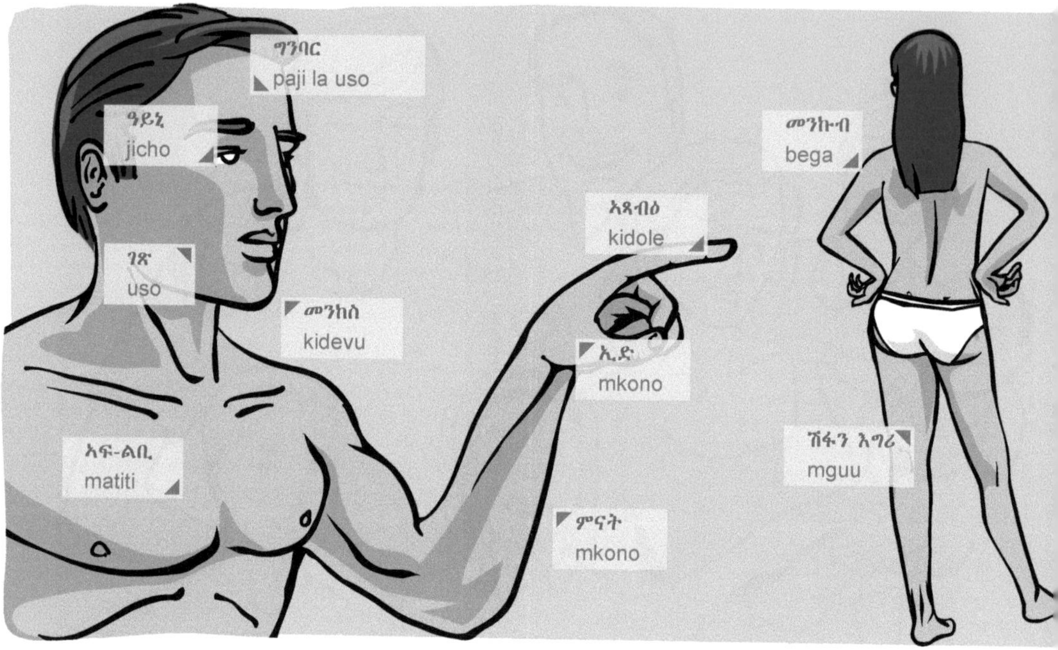

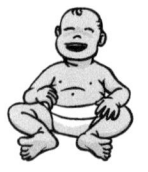

ማማይ

mtoto

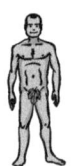

ሰብኣይ

mwanamume

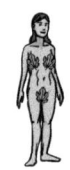

ሰበይቲ

mwanamke

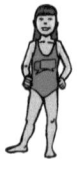

ጓል

msichana

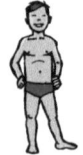

ወዲ

mvulana

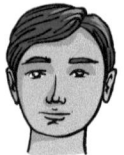

ርእሲ

kichwa

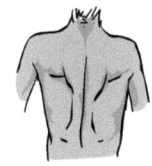

ሕቖ

nyuma

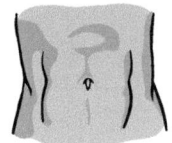

ከስዐ

tumbo

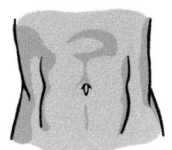

ሕምብርቲ

kitovu

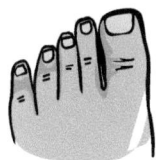

ኣጻብዕ እግሪ

chano

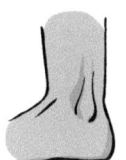

ኩርኹረ

kisigino

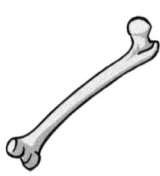

ዓጽሚ

mfupa

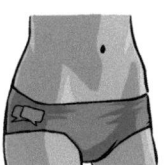

ምሕኰልቲ

nyonga

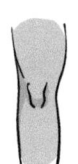

ብርኪ

goti

ፍግፍጕ

kiwiko

ኣፍንጫ

pua

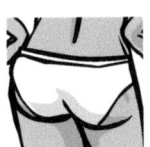

መዓኮር

chini

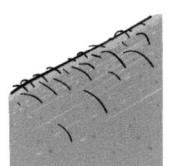

ቆርበት

ngozi

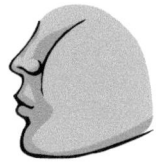

ምዕጕርቲ

shavu

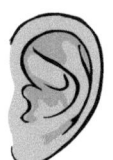

እዝኒ

sikio

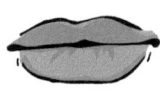

ከንፈር

mdomo

አካላት - mwili

አፍ

kinywa

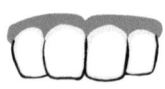

ስኒ

jino

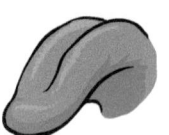

መልሓስ

ulimi

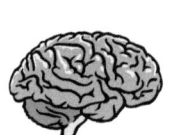

ሓንጎል

ubongo

ልቢ

moyo

ጭዋዳ

misuli

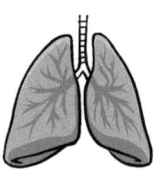

ሳንቡእ

pafu

ጸላም ከብዲ

ini

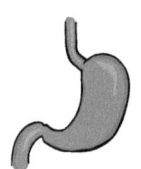

ከብዲ

tumbo

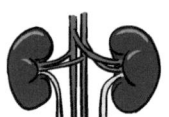

ኵሊት

figo

ግብረ ስጋ

jinsia

ኮንዶም

kondomu

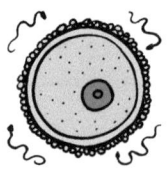

እንቋቍሓ

ovari

ዘርኢ ተባዕታይ

shahawa

ጥንሲ

mimba

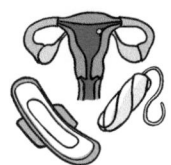

ጽግያት

hedhi

ርሕሚ

uke

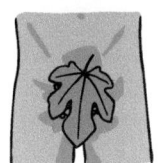

መትሎ

uume

ሸፉሸፍቲ

unyusi

ጸግሪ

nywele

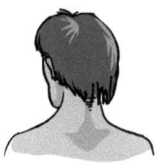

ክሳድ

shingo

ሆስፒታል
hospitali

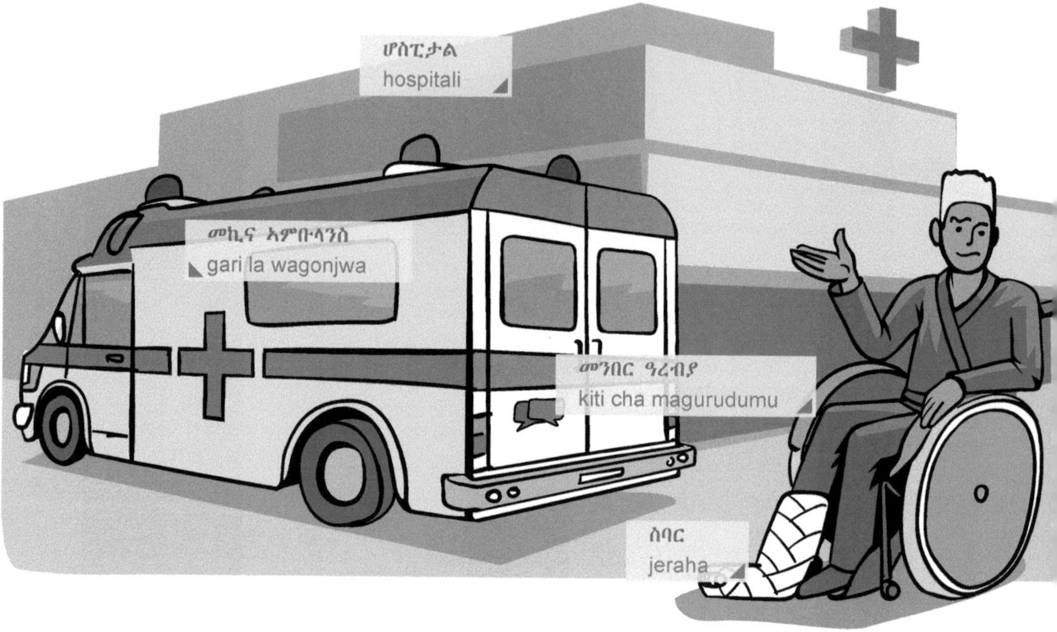

ሆስፒታል
hospitali
መኪና ኣምቡላንስ
gari la wagonjwa
መንበር ዓረብያ
kiti cha magurudumu
ስባር
jeraha

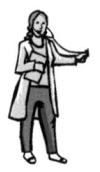

ሓኪም

daktari

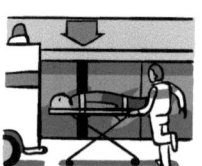

ክፍሊ ህጹጽ ረድኤት

chumba cha dharura

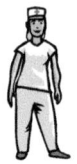

ኣላይት

muuguzi

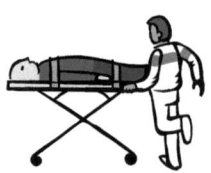

ህጹጽ ኩነት

dharura

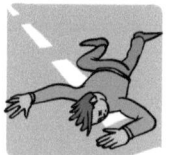

ውነኡ ዘጥፍአ

kupoteza fahamu

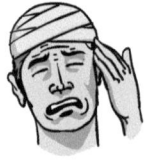

ቃንዛ

maumivu

ጉድኣት

kuumia

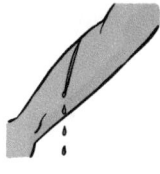

ደም

kutokwa na damu

ማህረምቲ

mshtuko wa moyo

ማህረምቲ

kiharusi

ኣለርጂ

mzio

ሰዓል

kikohozi

ረስኒ

homa

ኡንፍልወንዛ

mafua

ውጽኣት

kuharisha

ቃንዛ ርእሲ

maumivu ya kichwa

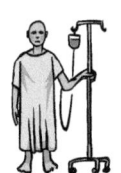

መንሽሮ

kansa

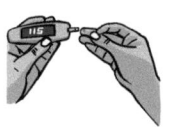

ሹኮርያ

ugonjwa wa kisukari

ሓኪም መጥባሕቲ

daktari mpasuaji

መጥብሒ

kisu kidogo cha kupasulia

መጥባሕቲ

operesheni

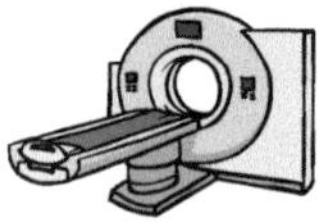

CT

picha changanufu ya mwili

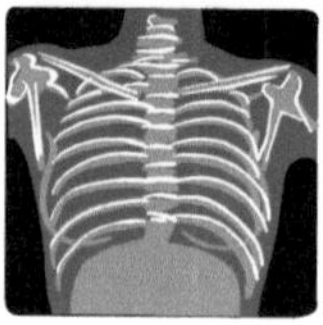

ራጂ

Eksrei

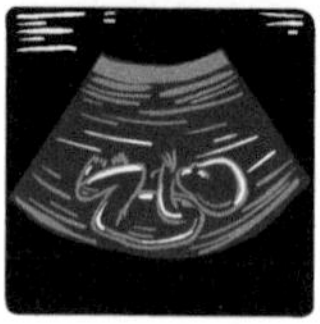

ልዕለ ድምጻዊ

mawimbi sauti

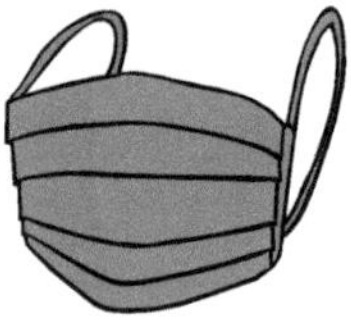

መሸፈኒ ገጽ

barakoa ya uso

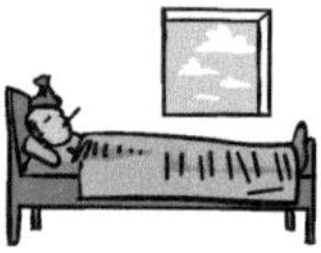

ሕማም

ugonjwa

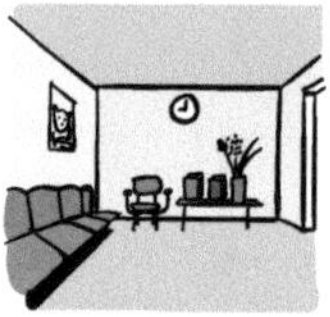

ክፍሊ ምጽባይ

chumba cha kusubiri

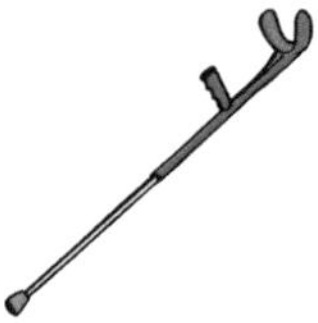

ምርኩስ

mkongojo

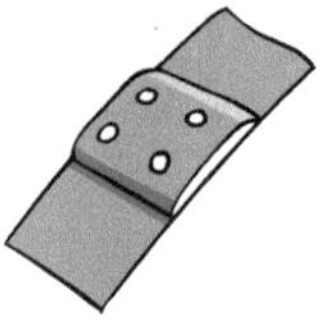

መጀነኒ ቑስሊ

plasta

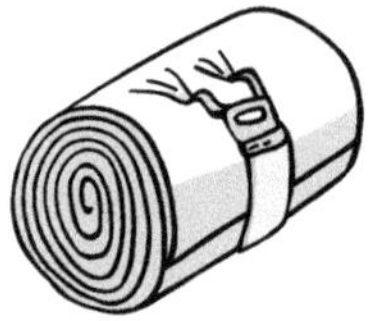

መጀነኒ

bendeji

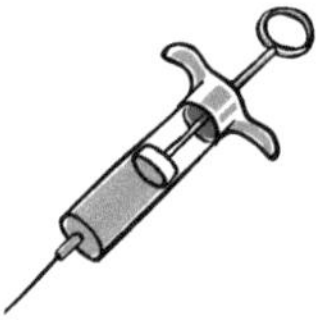

መርፍዕ ምውጋእ

sindano

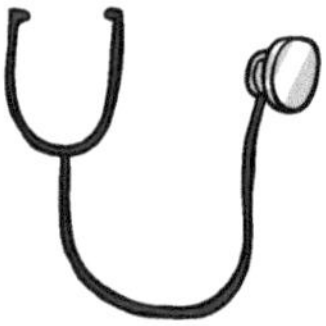

ስተቶስኮፕ

stetoskopu

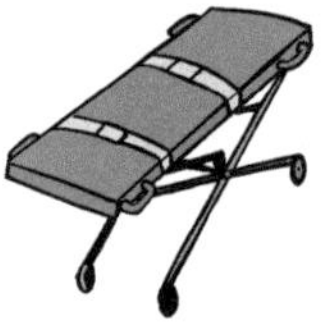

መሰከሚ ሕማም

machela

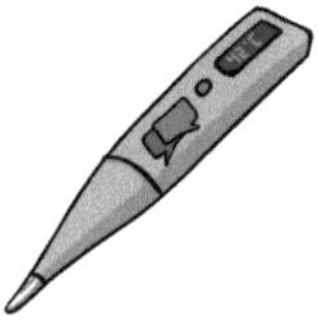

ቴርሞመተር

kipimajoto cha kliniki

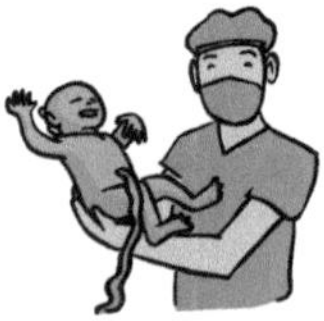

ትውልዲ

kuzaliwa

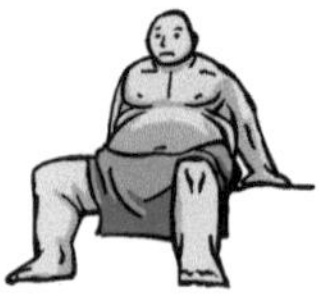

ልዕለ-ሚዛን

unene kupita kiasi

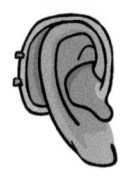

ሓገዝ ምስማዕ

kusikia misaada

አንጸሂ

kipukusi

ልበዳ

maambukizi

ቫይረስ

virusi

ኤድስ

VVU / UKIMWI

ሕክምና

dawa

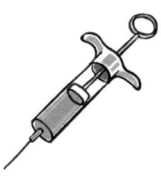

ክታብ

chanjo

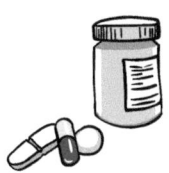

ከኒና

vidonge

ከኒና

kidonge

ህጹጽ ምድዋል

simu ya dharura

መዐቀኒ ጸቕጢ ደም

haemodainamometa

ሕሙም / ጥዑይ

mgonjwa / mwenye afya

ሓገዝ

Msaada!

ኣላርም

kengele

ምህጃም

pigo

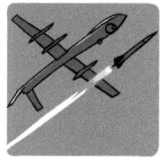

መጥቃዕቲ

shambulizi

ድንገት

hatari

ህጹጽ መውጽኢ

lango la dharura

ሓዊ!

Moto!

መጥፍኢ ሓዊ

kizima moto

ሓደጋ

ajali

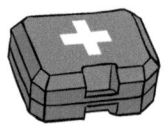

ሳንጣ ቀዳማይ ረድኤት

vifaa vya huduma ya
kwanza

SOS

wito wa msaada

ፖሊስ

polisi

ኤውሮጳ

Ulaya

ሰሜን አመሪካ

Amerika ya Kaskazini

ደቡብ አመሪካ

Amerika ya Kusini

አፍሪቃ

Afrika

ኤስያ

Asia

አውስትራልያ

Australia

አትላንቲክ

Atlantiki

ፓሲፊክ

Pasifiki

ህንዳዊ ዉቅያኖስ

Bahari ya Hindi

አንታርቲካዊ ዉቅያኖስ

Bahari ya Antaktiki

አርክቲካዊ ዉቅያኖስ

Bahari ya Aktiki

ሰሜናዊ ዋልታ

Ncha ya Kaskazini

ደቡባዊ ዋልታ

Ncha ya Kusini

አንታርቲካ

Antaktika

ምድሪ

dunia

መሬት

nchi

ባሕሪ

bahari

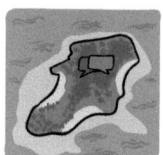

ደሴት

kisiwa

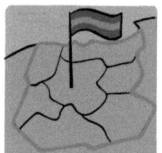

ሃገር

taifa

ዓዲ

jimbo

ገጽ ሰዓት

uso wa saa

አመልካቹ ሰዓታት

akrabu ya saa

አመልካቹ ደቃይቅ

akrabu ya dakika

አመልካቹ ካልኢት

akrabu ya sekunde

ሰዓት ክንደይ አሎ?

Ni saa ngapi?

መዓልቲ

siku

ግዜ

wakati

ሕጂ

sasa

ዲጂታል ሰዓት

saa ya dijitali

ደቒቕ

dakika

ሰዓት

saa

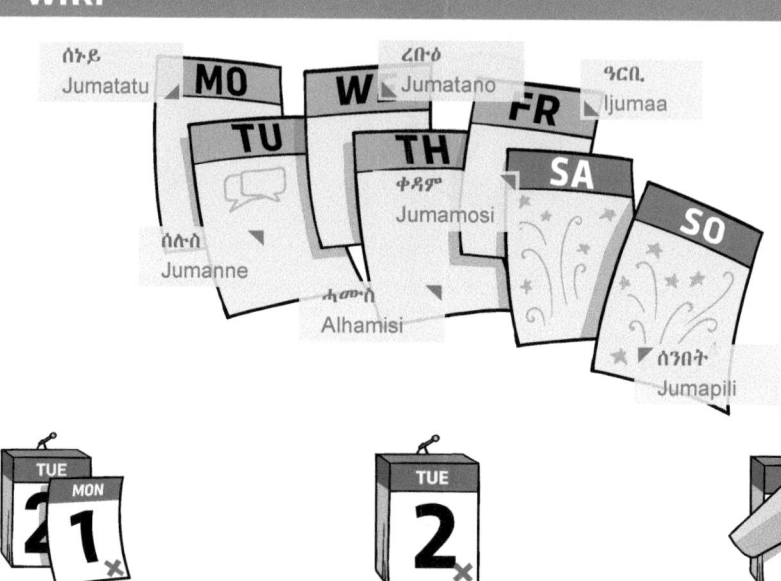

ሰኑይ Jumatatu
ሰሉስ Jumanne
ሰሉሶ Jumatano
ቀዳም Jumamosi
ሐሙስ Alhamisi
ዓርቢ Ijumaa
ሰንበት Jumapili

ትማሊ.
jana

ሎሚ
leo

ጽባሕ
kesho

ንጎሆ
asubuhi

ቀትሪ
saa sita mchana

ምሸት
jioni

መዓልታት ስራሕ
siku za biashara

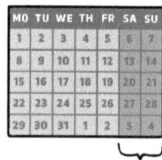

መወዳእታ ሰሙን
mwishoni mwa wiki

ዓመት
mwaka

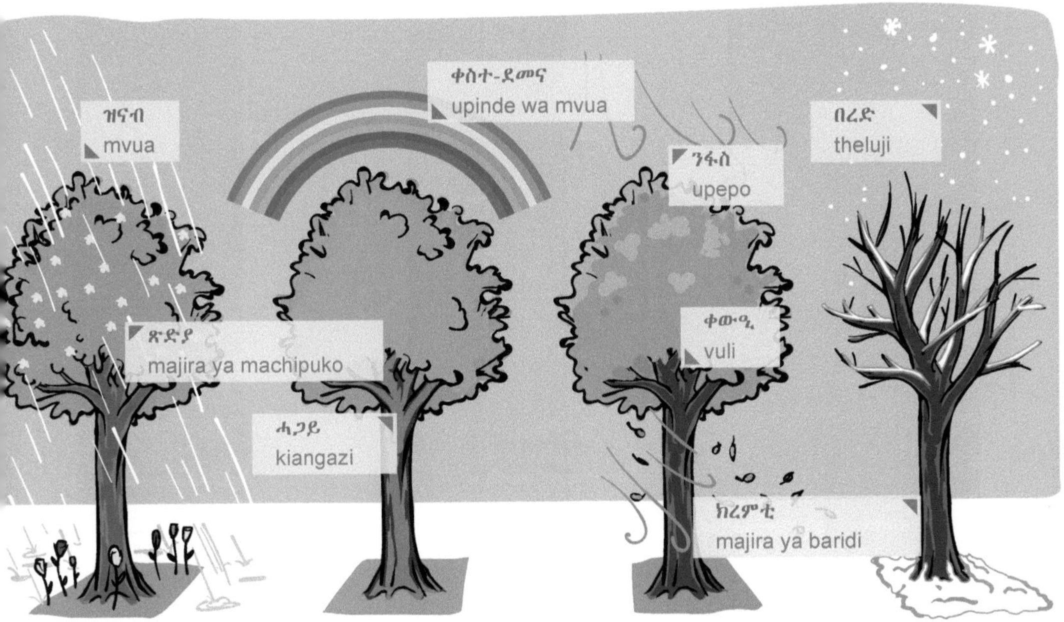

ዝናብ
mvua
ቀስተ-ደመና
upinde wa mvua
ንፋስ
upepo
በረድ
theluji
ጽድያ
majira ya machipuko
ቀውዒ
vuli
ሓጋይ
kiangazi
ክረምቲ
majira ya baridi

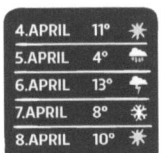

4.APRIL 11°
5.APRIL 4°
6.APRIL 13°
7.APRIL 8°
8.APRIL 10°

ትንቢት ኩነታት ኣየር

utabiri wa hali ya hewa

F C
120 90 60 30 0 -30
40 30 20 10 0 -10 -20

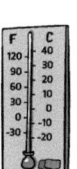

ቴርሞመተር

kipimajoto

ብርሃን ጸሓይ

mwanga wa jua

ደበና

wingu

ግመ

ukungu

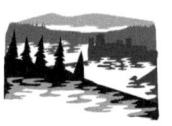

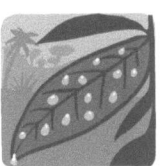

ጠሊ

unyevu

ብርቂ
....
umeme

ነጉዳ
....
radi

ህቦብላ
....
dhoruba

በረድ
....
mvua ya mawe

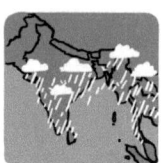

ብርቱዕ ህቦብላ
....
monsuni

ውሕጅ
....
mafuriko

በረድ
....
barafu

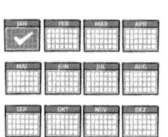

ጥሪ
....
Januari

ለካቲት
....
Februari

መጋቢት
....
Machi

ሚያዝያ
....
Aprili

ጉንበት
....
Mei

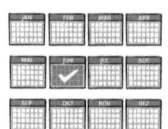

ሰነ
....
Juni

ሓምለ
....
Julai

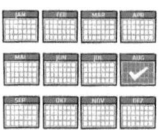

ነሓስ
....
Agosti

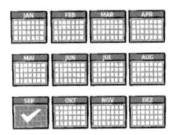

መስከረም
....
Septemba

ጥቅምቲ
....
Oktoba

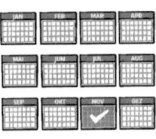

ሕዳር
....
Novemba

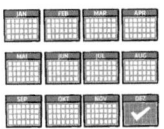

ታሕሳስ
....
Desemba

ዙርያ
....
mduara

ትርብዒት
....
mraba

ቅኑዕ ርቡዕ ኲርናዕ
....
mstatili

ስሉስ ኲርናዕ
....
pembetatu

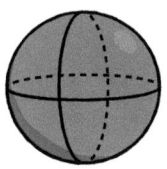

ክቢ
....
nyanja

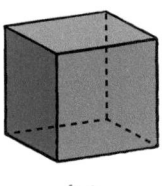

ኲቦ
....
mchemraba

ጻዕዳ

nyeupe

ብጫ

manjano

አራንሺ

chungwa

ፒንክ

rangi ya waridi

ቀይሕ

nyekundu

ጁኽ

hudhurungi

ሰማያዊ

bluu

ቀጠልያ

kijani

ቡናዊ

hanja

ሓሙኽሽታይ

jivujivu

ጸሊም

nyeusi

ብዙሕ / ውሑድ

mengi / kidogo

ሕሩቕ / ሰላማዊ

hasira / pole

ጽቡቕ / ክፉእ

nzuri / mbaya

መጀመርያ / መወዳእታ

mwanzo / mwisho

ዓቢ / ንእሽቶ

kubwa / ndogo

ብሩህ / ጸልማት

angavu / giza

ሓው / ሓፍት

kaka / dada

ጽሩይ / ርሳሕ

safi / chafu

ምሉእ / ዘይምሉእ

kamilika / tokamilika

መዓልቲ / ለይቲ

siku / usiku

ሙዉት / ህልው

wafu / hai

ሰፊሕ / ጸቢብ

pana / nyembamba

ደስ ዘበል / ደስ ዘይብል

kulika / kutolika

እኩይ / ህያዋይ

ovu / ema

ርቡጽ / ስልኩይ

sisimkwa / udhika

ረጊድ / ቀጢን

nene / nyembamba

ቀዳማይ / ናይ መወዳእታ

kwanza / mwisho

ዓርኪ / ጸላኢ

rafiki / adui

ምሉእ / ባዶ

jaa / tupu

ተሪር / ልስሉስ

ngumu / laini

ከቢድ / ፈኩስ

nzito / nyepesi

ጥምየት / ጽምየት

njaa / kiu

ሕሙም / ጥዑይ

mgonjwa / mwenye afya

ዘይሕጋዊ / ሕጋዊ

haramu / kisheria

መስተውዓሊ / ስዲ

akili / kijinga

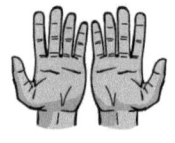

ጸጋም / የማን

kushoto / kulia

ቐረባ / ርሑቕ

karibu / mbali

ሓዲሽ / ብሉይ
mpya / kutumika

ዋላ ሓደ / ገለ
kitu / jambo

ዓቢ/ኣረጊት / መንእሰይ
zee / changa

ወልዕ / ኣጥፍእ
waka / zima

ክፉት / ዕጹው
wazi / fungwa

ህዱእ / ዓው
utulivu / kelele

ሃብታም / ድኻ
tajiri / masikini

ቅኑዕ / ግጉይ
sahihi / kosa

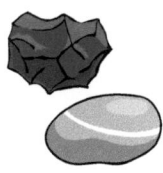

ሓርፋፍ / ልሙጽ
mbaya / laini

ጉሁይ / ሕጉስ
huzunika / furahia

ሓጺር / ነዊሕ
fupi /ndefu

ቀስ / ቅልጡፍ
polepole / haraka

ጥሉል / ንቑጽ
nyevu / kavu

ምዉቕ / ዝሑል
joto / baridi

ውግእ / ሰላም
vita / amani

0	**1**	**2**
ዜሮ	ሓደ	ክልተ
sufuri	moja	mbili
3	**4**	**5**
ሰለስተ	አርባዕተ	ሓሙሽተ
tatu	nne	tano
6	**7**	**8**
ሽዱሽተ	ሸውዓተ	ሸሞንተ
sita	saba	nane
9	**10**	**11**
ትሽዓተ	ዓሰርተ	ዓሰርተ ሓደ
tisa	kumi	kumi na moja

12
ዓሰርተ ክልተ
kumi na mbili

13
ዓሰርተ ሰለስተ
kumi na tatu

14
ዓሰርተ ኣርባዕተ
kumi na nne

15
ዓሰርተ ሓሙሽተ
kumi na tano

16
ዓሰርተ ሽዱሽተ
kumi na sita

17
ዓሰርተ ሸውዓተ
kumi na saba

18
ዓሰርተ ሸሞንተ
kumi na nane

19
ዓሰርተ ትሽዓተ
kumi na tisa

20
ዕስራ
ishirini

100
ሚእቲ
mia

1.000
ሽሕ
elfu

1.000.000
ሚልዮን
milioni

እንግሊዝኛ

Kiingereza

አመሪካዊ እንግሊዛዊ

Kiingereza cha Marekani

ቻይናዊ ማንዳሪን

Kimandarini cha Uchina

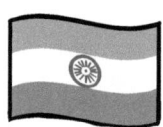

ሂንዳዊ

Kihindi

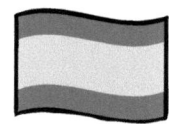

እስጳኛዊ

Kihispania

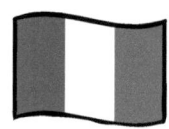

ፈረንሳዊ

Kifaransa

ዓረባዊ

Kiarabu

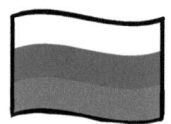

ሩሲያዊ

Kirusi

ፖርቱጋላዊ

Kireno

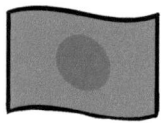

በንጋሊ

Kibengali

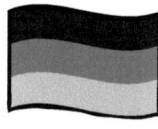

ጀርመናዊ

Kijerumani

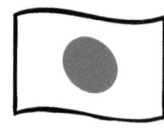

ጃፓናዊ

Kijapani

አነ

mimi

ንስኻ/ኺ.

wewe

ንሱ / ንሳ / ንሱ

yeye / yeye / ni

ንሕና

sisi

ንስኻ

wewe

ንሳቶም

wao

መን?

nani?

እንታይ?

nini?

ከመይ?

jinsi gani?

አበይ?

wapi?

መዓስ?

lini?

ሽም

jina

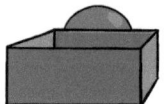

ድሕሪ

nyuma

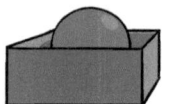

ኣብ

katika

ኣብ ቅድሚ

mbele ya

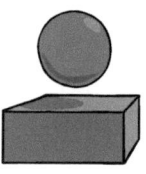

ኣብ ላዕሊ

juu ya

ኣብ ልዕሊ

kwenye

ትሕቲ ምድሪ

chini ya

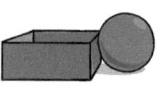

ኣብ ጥቓ

kando

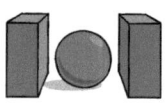

ኣብ መንጎ

kati

በታ

mahali